Von Gott kommt mir Hilfe

Calwer Paperback

Von Gott kommt mir Hilfe

Eine Deutung
der Jahreslosung und der Monatssprüche
für das Jahr 2025

Calwer Verlag Stuttgart

Herausgegeben von Pfarrer Bernd Wildermuth

Der Titel dieses Bandes
wurde Psalm 62,2 entnommen.

Nachdruck der Jahreslosung und der Monatssprüche
nur mit Genehmigung der Ökumenischen Arbeitsgemeinschaft
für Bibellesen, Reichensteiner Weg 24, 14195 Berlin

Gedruckt mit freundlicher Unterstützung
der Calwer Verlag-Stiftung

Bibliografische Information der Deutschen Bibliothek
Die Deutsche Bibliothek verzeichnet diese Publikation in der
Deutschen Nationalbibliografie; detaillierte bibliografische
Daten sind im Internet über *https://www.dnb.de* abrufbar.

ISSN 0939-0251

ISBN 978-3-7668-4655-6

Redaktion: Andrea Scholz-Rieker, Herrenberg

Satz und Herstellung:
Karin Class, Calwer Verlag
Umschlagmotiv: shutterstock: U. J. Alexander
Umschlaggestaltung: Karin Class, Calwer Verlag
Druck und Verarbeitung: OSDW Azymut

E-Mail: info@calwer.com; Internet: www.calwer.com

Inhalt

Vorwort

„Wohin soll ich gehen, Herr ich frage dich. Kann das Ziel nicht sehen, Herr, ach führe mich! Kann das Ziel nicht sehen, Herr, ach führe mich!" Wolfgang Kerst hat dieses Lied 1966 getextet. In der zunehmend individualisierten Ich-Gesellschaft wirkt dieser Text zum einen wie aus der Zeit gefallen, zum anderen klingt in ihm die unauslöschliche Sehnsucht nach Gottes guter Führung durch.

Und natürlich ist gleich die Frage: Ja, wie führt mich denn Gott? Die Antwort ist ebenso schlicht wie theologisch klar: durch sein Wort.

Von Gott kommt mir Hilfe in einer Jahreslosung und zwölf Monatssprüchen. Es sind Sehhilfen hin auf das eigene Lebensziel. Die dreizehn Auslegungen sind richtungsweisende Vorschläge, wie man diese Sehhilfe nutzen kann. Die Bibel ist eben kein schlichter Lebensratgeber. Die Bibel ist deutungsoffen, ohne beliebig zu sein. Oder wie es unsere Präses der Synode der Evangelischen Kirche in Deutschland Anna-Nicole Heinrich formuliert: „Als Christin bin ich überzeugt, dass da ein Gott ist, der ein Wort für uns hat, mit dem wir aufbrechen können."

Aber welches Wort ist für mich das „Richtige"?

Die Jahreslosung gibt einen einfachen Hinweis „Prüfet alles, und behaltet das Gute!" (1. Thessalonicher 5,21). Als Paulus diese Worte schreibt, ist das Leben in den jungen Gemeinden ungeheuer bunt und vielfältig. Es gibt Zungenreden, es gibt Prophetinnen und Propheten, neue Formen, Aufbrüche an allen Ecken und Enden. Prüfen heißt, eine Probe machen, etwas auf seine Brauchbarkeit untersuchen, oder auch jemandes Kenntnisse und damit Eignung feststellen. Auch das bringt ein Lied aus den 60er Jahren auf den Punkt: „Es gibt ein Wort und das ist für dich das Leben. Es gibt ein Licht, das die Sonne überstrahlt. Du hast ein Ziel, welches Gott für dich gegeben." Also prüfen wir und behalten das Gute, damit wir das Ziel nicht übersehen.

Ich danke allen Autorinnen und Autoren aus Pfarramt, Diakonat und kirchlichen Einrichtungen für ihre Auslegungen. Dank gebührt auch den Mitarbeiterinnen und Mitarbeitern des Calwer Verlags, insbesondere Andrea Scholz-Rieker, für ihren Einsatz. Möge das Jahr 2025 für uns alle ein Jahr werden, in dem wir die Kraft der Liebe erfahren, im privaten wie im öffentlichen Raum. Sie ist das Geschenk Gottes an uns.

Ihr Bernd Wildermuth

Die Losung des Jahres 2025

Prüft alles und behaltet das Gute.

1. Thessalonicher 5,21

Schon mal eine Entscheidung zu lange aufgeschoben, weil man vor lauter Optionen und Informationen absolut überfordert oder unsicher war? Mir geht es häufiger so. Umso länger ich über eine Entscheidung nachdenke, umso mehr ich „prüfe", umso unentschlossener werde ich. Plötzlich fühle ich mich gelähmt: Habe ich überhaupt schon alles bedacht? Kann ich jetzt schon eine Entscheidung treffen? Was fand ich nochmal „gut", was will ich „behalten"?

Wer prüft hier wen und was?

„Prüft alles, und das Gute behaltet!" Was ist das für ein Prüfauftrag, der da gegeben wird? Paulus richtet diesen Satz an die Gemeinde in Thessaloniki. Das fünfte Kapitel in dem Brief ist voll von Bitten und Ermahnungen. Eine Auflistung an Ratschlägen für die Gemeinde und ihr Zusammenleben: Seid friedlich, geduldig, jagt dem Guten nach, seid fröhlich, betet, seid dankbar (5,12–19) und dann: „Prophetische Rede verachtet nicht. Prüft alles und das Gute behaltet. Meidet das Böse in jeder Gestalt." Nimmt man den Satz davor und danach mit in den Blick, wird dieser Prüfauftrag, den Paulus da an die Gemeinde richtet, gleich sehr viel konkreter.

9

Prophetische Rede ist unbequem

Da ist zunächst die „prophetische Rede". Das sind meist Aussagen, die alles radikal infrage stellen. Als anstrengend empfundene Gedanken, die an dem Gedankengebäude rütteln, in dem man es sich gerade halbwegs eingerichtet hat. Lästige Fragen, die den Finger in die Wunde legen, die provozieren und uns aus unserer Routine herausreißen, und Antworten, die uns herausfordern. Prophetische Rede ist unbequem.

Prophet*innen, das sind Menschen in der Bibel, die mit ernster Entschiedenheit und großen Worten auftreten und sagen, was Gottes Wille sei, welches Wort er an uns richtet – und was das für uns bedeutet, welche Folgen das hat für unser Leben in der Gemeinde und der Gesellschaft. Wer so auftritt, der trifft auf Widerspruch – gerade auch in der Gemeinde.

Trennung von Person und Position

Paulus rät der Gemeinde aber, die lästigen Störungen, die Provokationen und Unterbrechungen, die prophetische Rede, nicht einfach abzutun, zu disqualifizieren, zu „verachten", sondern offen dafür zu sein. Erstmal ergebnisoffen, alles zu prüfen, immer mit der Abwägung darüber, was „gut" sei. Was mir dabei besonders auffällt, Paulus rät uns „alles" und nicht „alle" zu prüfen. Er spricht nicht von „den Prophet*innen", sondern von der „prophetischen Rede". Das ist eine wichtige Differenzierung – es geht nicht um andere Personen, die wir mehr oder weniger sympathisch finden, sondern um die Sache! Wie häufig habe ich erlebt, dass Argumente einfach über Ad-hominem-Scheinargumente abgewehrt wurden, also Aussagen, die sich auf die Person beziehen und nicht auf den Gegenstand. „Er ist ja kein Theologe, er hat einfach zu wenig Verständnis." „Sie ist noch so jung, da fehlt einfach die Erfahrung, damit brauchen wir uns gar nicht erst auseinandersetzen." Auch ich ertappe mich manchmal, dass ich nicht offen bin für den Inhalt der Argumente, für die berechtigten Fragen, sondern plötzlich auch ablenke, indem ich über die Person spreche. Wenn wir Person und Position unterscheiden, werden wir offener, für das was gesagt wird.

Was ist schon „gut" und „böse"?

Paulus spricht von „gut" und „böse". Er zeigt auf, worauf die Prüfung abzielt. Das Böse meiden, das Gute behalten. Doch was ist „gut" und geboten? Eine Frage, die häufig Ausgang für die philosophische Auseinandersetzung, für die genaue Analyse eines Sachverhalts ist. Und ist gleichzeitig anschlussfähig für jeden: Sich nach dem „Guten" sehnen, wer tut das nicht? Wer will schon böse sein?

Doch wie „meiden wir das Böse"? Das „Böse" lässt sich für mich recht schnell identifizieren, wenn Menschen ihr Menschsein, ihre Würde, ihre Gottesebenbildlichkeit abgesprochen wird. Wenn Menschen nicht mehr ohne Angst verschieden sein dürfen, wenn willkürlich Gewalt verwendet wird. Doch was ist das „Gute"? Woran bemisst es sich? An der guten alten goldenen Regel „Was du nicht willst, das man dir tu, das füg auch keinem anderen zu"? Oder an Kants kategorischem Imperativ – nur nach der Maxime handeln, die zugleich allgemeines Gesetz werden könnte? An dem, was möglichst vielen den möglichst größten Nutzen bringt? Sind es die guten Werke, bei denen Liebe mit Taten hinterlegt werden? Kriterien für eine solche „Prüfung" sind zahllos und wohl abhängig von der jeweiligen Perspektive. Jede*r bringt hier seine eigenen Maßstäbe mit, hat „rote Linien", die nicht überschritten werden dürfen.

„Prüft alles und behaltet das Gute!" Ich lese in der Jahreslosung aber auch einen Auftrag an uns alle, uns häufiger unbequemen Fragen auszusetzen. Anzuerkennen, dass nicht alles, wie es ist, so sein muss. Anderen und ihren Argumenten ganz offenherzig zu begegnen, unvoreingenommen sich anzuhören, was sie zu sagen haben. Und dabei zu unterscheiden, zwischen Person und Position. Es ist ein Impuls im kommenden Jahr, auf all das zu hören, was in unseren Gemeinden, in unserer Gesellschaft, auch weltweit, von Gott, Liebe, Hoffnung, Gerechtigkeit, ja einem guten Leben vor Gott gesagt wird.

Ich finde es klug und sympathisch, vom anderen lernen zu wollen, eigene Positionen zu hinterfragen und auch mal eine andere Meinung gelten lassen zu können. Nicht nur mit Vernunft abzuwägen, zu „prüfen", sondern dann auch neue Einsichten zu „behalten". Hören, prüfen und das Gute behalten.

Ich spüre aber auch, wie mühsam das ist. Und welche Überforderung damit einhergehen kann, denke ich nur an die Vielstimmigkeit der Öffentlichkeit, an die unterschiedlichen Positionen, an Aufregung als Geschäftsmodell, aber auch an die anstrengenden Debatten am familiären Esstisch, wenn mal wieder zwei ganz unterschiedliche Ansichten aufeinandertreffen. Wie anstrengend es ist, sich aus der Entscheidungslähmung zu lösen, weil man mal von zu vielen Informationen und Optionen überwältigt ist. Gerade nicht zu resignieren, weil die Komplexität kein Ende zu nehmen scheint und „gut" und „böse" immer mehr verschwimmen.

Als Christin bin ich überzeugt, dass da ein Gott ist, der ein Wort für uns hat, mit dem wir aufbrechen können. Der uns weite Herzen schenkt, um immer wieder unsere engen Grenzen zu überwinden. Der uns kritisch hinschauen lässt, wenn wir es uns mal wieder zu gemütlich gemacht haben. Der ordnet, wenn wir in der Unordnung drohen unterzugehen. Ich vertraue, dass Gott eine Idee für unser Leben hat. Vertrauen in Gott heißt, auf ihn setzen. Das macht mich stark, schafft die richtigen Grundvoraussetzungen, um zu hören, zu prüfen und das Gute zu behalten. Und das Gute, will ich behalten und Gott hinhalten, dass er es segnet. An allen Tagen des kommenden Jahres – und darüber hinaus.

Anna-Nicole Heinrich

Lied EG Wü 589 Meine engen Grenzen

Gebet

Gott,
du gibt das Leben und die Zeit,
schenkst die Widersprüche, in denen wir leben,
lässt den Neuanfang zu.
Fülle unsere Hände mit Gutem.

Erfülle unsere Herzen mit deinem guten Willen
und unseren Verstand mit deiner Einsicht.
Dass gut werde, was jetzt böse ist,
dass gut werde, was wir schlecht gedacht
und gemacht haben.
Gib uns weite Herzen,
mit denen wir hören, prüfen,
und das Gute behalten. Amen.

Impuls

„Das Problem mit Zitaten aus dem Internet ist, dass sie oft nicht wahr sind." (*Johann Wolfgang von Goethe*)

13

Jesus Christus spricht: Liebt eure Feinde; tut denen Gutes, die euch hassen! Segnet die, die euch verfluchen; betet für die, die euch beschimpfen

Lukas 6,27–28

Der friedlichste Konflikt der Welt

Von 1973 bis 2022 haben sich Kanada und Dänemark um die zwischen Kanada und Grönland liegende Hans-Insel gestritten. Beim Grenzabkommen 1973 wurde besagte Insel ausgelassen. Seitdem beanspruchte jede Seite die Insel als ihren Besitz. Das führte dazu, dass abwechselnd Kanada und Dänemark bei Expeditionen auf die Insel jeweils die Fahne des anderen Landes entfernt und die eigene gehisst haben. Dabei wurde immer für die andere Nation eine Flasche mit landestypischen Schnaps hinterlassen. Dies ging in die Geschichte als sogenannter Whisky-Krieg ein. 2022 wurde dieser Konflikt mit einer Grenzziehung auf der Insel beendet. Bei der Zeremonie zur Vertragsunterzeichnung sagte die kanadische Außenministerin Mélanie Joly:„Ich glaube, es war der freundlichste aller Kriege."

Leider lässt sich nicht jeder Konflikt und Krieg so charmant und gewaltfrei leben und lösen. Der Konflikt um die Hans-Insel stellt eine Ausnahme dar, vor allem, wenn sich hochgerüstete Armeen gegenüberstehen.

Wenn Jesus über die Feindesliebe redet, geht es in erster Linie nicht um die großen Konflikte dieser Welt, sondern um unsere kleinen „Feindschaften" mit unseren

14

Mitmenschen. Wer kennt es nicht, dass in einer Diskussion das Temperament mit einem durchgeht und eine Diskussion sich hochschaukelt bis die Fetzen fliegen. In sozialen Medien scheint da die Zündschnur noch kürzer zu sein und die Konfliktlinien vehementer umkämpft. Wir leben gerade in einem ziemlich dünnhäutigen Zeitalter.

Die Aufforderung Jesu zur Feindesliebe ist deswegen ganz aktuell. Dabei stellt die Feindesliebe eine besondere Form der Nächstenliebe dar. Sie ist Nächstenliebe konsequent zu Ende gedacht. Ihr Ausgangspunkt ist die Liebe und Barmherzigkeit mit der Gott uns begegnet: „Werdet barmherzig, wie euer Vater barmherzig ist" (V. 36).

Utopie oder Ausweg?

„Liebt eure Feinde!" Ist das eigentlich realistisch, was hier Jesus fordert und anmahnt? Und geht das überhaupt so einfach? Ist Jesus da nicht ein bisschen zu blauäugig und realitätsfern? Und überhaupt: Kann Feindesliebe doch nicht nur als Schwäche ausgelegt werden?

Ich bin davon überzeugt, dass uns die Rede über die Feindesliebe einen Ausweg aus dem Tunnel zeigt, wenn wir unsere Welt in Freund und Feind eingeteilt haben. Denn, wenn man da einmal drinsteckt, kommt man gar nicht so leicht wieder heraus.

Tunnelblick – der Teufelskreis eines Konflikts

Was passiert in einem Konflikt, der sich langsam hochschaukelt?

Unsere Wahrnehmung, unser Blick verengt sich. Wir nehmen nur noch das wahr, was uns bedroht. Gleichzeitig nehmen wir auch nur noch das wahr, was unser inneres Bild bestätigt. Wenn der Konflikt schon eine Weile andauert, dann haben sich unsere inneren Bilder und Vorstellungen so weit festgefahren, dass wir gar nicht mehr erkennen können, was die Person darüber hinaus noch tut. Wir reagieren dann nicht mehr auf den anderen Menschen mit vielen Facetten, sondern auf die spezielle Vorstellung, die wir von ihm haben.

In unserem Denken wird dieser Tunnelblick fortgeführt. Die Welt wird auf einfache Erklärungsmuster reduziert. Es gibt nur schwarz oder weiß, gut oder böse, Freund oder Feind. Unser eigenes Verhalten bewerten wir dabei situationsabhängig, das Verhalten des Gegenübers wird auf seinen Charakter zurückgeführt. Egal, was der andere tut, er tut es auf alle Fälle, um uns zu schädigen, so meinen wir.

Und da sitzen wir nun in unserem Groll, in unserem inneren Gefängnis. Unsere ganze Aufmerksamkeit und unser Denken kreisen um dieses Thema, der Blick verengt sich. Es ist ein selbstbestätigender Kreislauf, den wir herstellen. Und dabei denken wir: Schuld daran ist auf alle Fälle der andere.

Und unsere Gefühle? Wir werden empfindlich, sind schnell reizbar, haben das Bedürfnis nach Sicherheit und Eindeutigkeit, eventuell kapseln wir uns ab. Nach außen sind wir cool oder wütend, nach innen werden wir empfindlicher. Wir werden dabei gefühlskalt dem anderen gegenüber. Wir verlieren unsere Empathie. Je nach Konflikt entmenschlichen wir das Gegenüber.

Auf einen vermeintlichen „Schlag" des anderen, reagieren wir mit einem „Gegenschlag". Und wir denken über Präventivschläge nach. Unsere Verhaltensoptionen reduzieren sich zunehmend. Der Konflikt weitet sich auf andere Themen aus, es geht zunehmend auch um Kleinigkeiten. Und so weiter und so fort. Wir sind dann gefangen im eigenen Film. Uns fehlt die Fähigkeit zu Empathie und zum Perspektivenwechsel.

Perspektivenwechsel und Empathie durch Gebet

Genau hier setzt Jesus mit der Rede von der Feindesliebe an. Durch seine Rede öffnet er den Tunnel, dass wir unser Gegenüber wieder als Mensch sehen können. „... tut denen Gutes, die euch hassen ...“

Um zu überlegen, was dem anderen guttut, muss ich mich in seine Lage versetzen können. Dabei breche ich meine innere festgefahrene Gedanken- und Gefühlswelt auf. Meine Sicht auf den anderen, auf die andere kann sich dadurch ändern. Ich gewinne Empathie zurück. Und schon bricht meine Mauer aus Vorurteilen. Es muss nicht eine Flasche Whisky sein, wie aus dem Anfangsbeispiel. Ein Startpunkt könnte auf alle Fälle ein freundliches Wort sein.

Die anderen Aufforderungen Jesu zielen ebenfalls auf unsere Verkrustungen ab. Sie bewirken, dass ich eine andere Perspektive einnehmen kann.

„Segnet die, die euch verfluchen; betet für die, die euch beschimpfen!“

In diesen Aufforderungen geht es stark um die Unterbrechung von Mustern. In der Beratung und Therapie würde man von paradoxer Intervention reden. Feindesliebe: Das ist das, womit keiner rechnet.

Aber sie bedeutet ein Ausbruch aus einem Teufelskreis, in dem jeder versucht, dem anderen Gleiches mit Gleichem zu vergelten. Durch die Feindesliebe wird Verfluchen nicht mehr mit einem verschärften Verfluchen beantwortet, sondern mit Segen. Beschimpfungen werden nicht mit noch lauteren Beschimpfungen erwidert, sondern mit Gebet für mein Gegenüber.

Manche Diskussion im öffentlichen Raum, in unseren Kirchen, in unserem Bekanntenkreis und in unseren Familien könnte ganz viel an Schärfe verlieren, wenn wir über den Worten von Jesus zur Feindesliebe meditieren und ihnen nachsinnen würden. Wie sähen dann unsere Social-Media-Posts und schnell daher gesagten Kommentare aus, wenn wir nicht aus einem Affekt heraus reagieren würden?

Durch diesen radikalen Haltungswechsel gewinnen wir andere Handlungsoptionen. Wir lassen uns nicht darauf ein, dass wir wie gewohnt reagieren und uns von dem Sog der Abwärtsspirale und des Hasses gefangen nehmen lassen.

Sicherlich gelingt das nicht sofort und auch nicht immer, aber wir können dadurch etwas Neues in den Konflikt einbringen, das ihn lösen kann: zumindest einen Ausbruch aus der Freund-Feind-Dynamik.

Ob sich dabei etwas bei unserem Gegenüber verändert? Wir wissen es nicht. Das geht nur in dem Vertrauen, dass Gott mittendrin dabei ist. Das führt zu einer neuen Gebetspraxis. Wir beten, dass es dem Gegenüber gut geht, wünschen ihm Gottes Segen: Für seine Familie, seine Arbeit, für das Thema, um das wir streiten. Vielleicht hat er oder sie es gerade schwer, dass sie so aggressiv reagiert – aufgrund einer Krankheit, eines Verlusts oder von etwas ähnlichem.

Und schon wieder gelingt es uns, empathischer zu sein und wir können eine andere Perspektive einnehmen. Zumindest unser inneres Gefängnis löst sich auf. Gleichzeitig nehmen wir dann das Gegenüber als Menschen mit Gefühlen und Bedürfnissen wahr, nicht nur als „Feind". Dabei kommen wir aus dem Tunnelblick heraus. Das Segnen und Beten für unsere Feinde bewirkt auch in uns selbst etwas. Indem ich meine Beziehung mit der anderen Person vor Gott bewege, kann sich in mir etwas lösen. Das muss noch keine Lösung sein, die den Konflikt beilegt, aber etwas zuvor gedanklich Festgefahrenes kann sich lösen. Dabei gelingt es mir auch, eventuell die Position der anderen Person einzunehmen und Verständnis dafür zu empfinden. Im Gebet geht es dabei dann nicht nur um den anderen, sondern letztlich um mich selbst: um meinen Tunnelblick zu lösen. Das Gebet für meine „Feinde" befreit mich aus meinem eigenen inneren Gefängnis.

Feindesliebe – was bringt mir das?

Die Rede von der Feindesliebe zeigt mir, dass ich nicht in meinen Mustern stecken bleiben muss. Ausgangspunkt und Motivation ist die Barmherzigkeit, die Gott mir selbst schenkt.

Freilich ist Feindesliebe eine Investition ins Risiko – aber wer sagt schon, dass Christsein ungefährlich und risikolos wäre. Wir wissen nicht, ob sich dadurch bei unserem Gegenüber etwas verändert. Zumindest wir selbst gewinnen etwas in einem Konflikt: Empathie und die Möglichkeit, die Perspektive zu wechseln. Und das sollten wir wenigstens ausprobieren. Es lohnt sich.

Klaus Schmiegel

Gebet

Runterkommen vor einer schwierigen Begegnung
Herr, ich fühle mich nicht wohl in meiner Haut.
Wenn ich an die kommende Begegnung denke,
wird mir ganz flau im Magen.
Zu viel ist zerbrochen, zu viel schon gesagt,
die Standpunkte scheinen unverrückbar.
Schenke du mir die richtigen Worte,
wenn wir uns begegnen.
Nimm du mir das mulmige Gefühl, das mich umtreibt.
Lass mich ruhig werden und in deinem Geist
das Nötige und Richtige tun und sagen.
Hilf du uns, der du Frieden in diese Welt gebracht hast.
Amen.

**Du tust mir
kund den Weg
zum Leben.**

Psalm 16,11

Beifall

Geht es da laut zu oder leise?
Gibt's da ein wildes Getöse oder
wird da bloß geflüstert?

Aber zuerst: Das ist natürlich toll! Höchst willkommen!
Da klatsch ich in die Hände: Applaus, Applaus! Den wüsste ich nämlich gerne, den „Weg zum Leben" – den Weg
heraus aus der Todverfallenheit, aus der verzehrenden
Krankheit, der Verzweiflung, die mich zernagt. Den Weg
heraus aus der Ungerechtigkeit, die allenthalben regiert,
aus Kriegen und Bürgerkriegen, die wenig Helden, aber
eine große Menge Opfer zurücklassen. Den Weg heraus
aus der Klimaspirale, aus dem Teufelskreis von Ressour-
cenverbrauch und Artensterben, aus den Interessenskon-
flikten von Arm und Reich, Süd und Nord. Wer diesen
Weg kennt, der hat allen Beifall verdient!

Der „Weg zum Leben", das ist schließlich keine Klei-
nigkeit; wer den wüsste, der hätte den Königsweg gefunden, ein „güldenes Kleinod", wie dieser Psalm, König
David zugeschrieben, betitelt ist – und in diesem Psalm
geht es um Rettung, um „liebliches Land", um Gotteslob
und Gottesbeistand, um erfreute Herzen und fröhliche
Seelen, um beruhigende Sicherheit und die (offensicht-
lich schwer zu erschütternde) Gewissheit: „Du wirst
mich nicht dem Tode überlassen", ich werde „die Grube
nicht sehen".

21

Das ist natürlich toll! Höchst willkommen! Da klatsch ich in die Hände!! Applaus!

Zuversicht

Aber – es fühlt sich leider oft genug nicht so an. Die Wege zum Leben scheinen steinig und steil zu sein, mit Hindernissen übersät, an denen wir scheitern können, und manchmal ganz und gar verbaut, zugemauert, abgesperrt. Was der alte David freilich auch wusste. Zuversichtlich bleibt er trotzdem: „Gott steht mir zur Rechten, so werde ich festbleiben." Beneidenswert, nicht wahr?

Ich glaube, dass uns diese Zuversicht genauso zu Gebote steht, auch wenn wir nur die kleinen Lichter sind, deren Ruhm und deren Liedgut nicht über die Jahrhunderte strahlt (anders als beim guten David). Auch wenn wir die Zermürbten sind, die der Schmerz müde gemacht hat, die Verängstigten, die den Tod eben doch fürchten, und die Ratlosen, die in eine Zukunft schauen, die wolkenverhangen und bedrohlich ist. Auch wir Kraftlosen, Mutlosen, manchmal Hoffnungslosen haben eine weite Perspektive.

Das liegt nicht an uns, die haben wir nicht aus uns selbst. „Du", Gott, „wirst mich nicht dem Tode überlassen", „vor dir ist Freude die Fülle." Das ist das Gute: Wir kriegen die Zukunft tatsächlich nicht hin, wir haben zum Leben kaum die Kraft – aber wir müssen es auch nicht. Da hat Gott die Verantwortung übernommen, dafür steht er ein. Unser Leben, unsere Zukunft im Kleinen und Persönlichen wie im Großen und Ganzen – die sind sein Ding, Gottes Sache.

Nicht lange hin – kommenden Monat – da begehen wir den Aschermittwoch: nicht als Ende der Fasnacht, sondern als Beginn der Passionszeit. Und wer sich mit dem Aschenkreuz bezeichnen lässt, die und der erinnert sich: zum einen an die menschlich-allzumenschliche Vergänglichkeit, zum anderen aber auch daran, dass Gott sich in Kreuz und Tod gleich gemacht mit uns, um uns das Tor zum Leben aufzustoßen. Er hat den Weg gebahnt und auf diesem Weg begleitet er uns. Der Weg ist frei, der Weg ist gangbar, der „Weg zum Leben". Und eben den „tut er uns kund"!

Leise Töne

Ich frage noch einmal: Geht es da laut zu oder leise? Mit ohrenbetäubendem Getöse oder einem zarten Wispern in der Luft?

Bevor ich weiß, welche Richtung er nimmt, der „Weg zum Leben", ob er steil ist oder eben und leicht, ob er unübersichtliche Windungen kennt oder einfach schnurstracks nach vorne geht – bevor ich das weiß, möchte ich wissen, wie Gott das denn macht: den Weg „kundtun".

Macht er das wie ein Marktschreier: „Hey Leute, aufgepasst! Leben im Angebot! Da geht's lang – Augen auf im Straßenverkehr!" Oder verkündet er wie ein Büttel, ein Nachtwächter: „Hört ihr Leut und lasst euch sagen: Da vorne links – ihr müsst nicht fragen!"? Will er uns mit Werbung den Mund wässerig machen und die Füße kribbelig: „Ich geh meilenweit für ...", oder uns schwungvoll-musikalisch in Bewegung bringen: „Über sieben Brücken musst du gehn!" (Karat!), oder wie sein Namensvetter Karel (Gott) damals: „Einmal um die ganze Welt und die Taschen voller Geld ..."?

Tut Gott den „Weg zum Leben" kund mit einem Einschreiben, höchstobrigkeitlich: „Der Empfänger wird hiermit darauf hingewiesen ...", oder macht er's, wie in den Kirchen üblich, am Ende des Gottesdienstes, bei den

Abkündigungen: „Der Gemeinde ist Folgendes mitzuteilen ...“? Schaltet er Zeitungsanzeigen, reserviert er Werbeblöcke in Rundfunk und TV, stellt er Influencerinnen an? Verteilt er Flugblätter, schreibt er Wegweisungen auf Plakate und riesige Banner?

Naja, das alles irgendwie nicht – jedenfalls habe ich es noch nicht bemerkt.

Ich glaube, Gott wählt die leisen Töne, um sich, um seinen Weg kundzutun. Er spricht, aber er spricht zwischen den Zeilen, er zieht der Verlautbarung ein Flüstern vor, dass sich durch die Stunden und Tage zieht. Er gibt uns diese Worte der Schrift, mit denen wir seit Jahrhunderten nicht zu Ende gekommen sind, er gibt sie uns zum Tasten, zum Nach-Denken, zum Immer-Neu-Erschließen. Er spricht in den kleinen Gesten der Freundin, die dem Freund die Hand reicht, im Lächeln des Kindes, der lebenserfahrenen Ruhe des Alters, dem Wort der Dichterin, dem Lied der Verliebten, dem Tanz der Glückseligen, die für einige Augenblicke außer Rand und Band sind. Er spricht in Herausforderungen und Aufgaben, vor denen wir stehen, die uns aufgetragen sind in einer friedlosen Zeit und vor einer gefährdeten Zukunft. Er lässt sich in meinem Gewissen hören, wenn es still ist und zufrieden oder unruhig und mir Fragen stellt; und Gott kann sehr beredt schweigen.

Getöse oder Flüstern? Eindeutig: Gott flüstert eher, spricht hinter vorgehaltener Hand, nicht mit erhobener Stimme, mit seiner sanften Stimme lieber.

Der eigene Weg

Auf diese Weise tut er sich kund, weil er uns nicht übertönen und überschreien will, weil er vom Befehlston nichts hält und die Überredungskünste der Werbung nicht braucht. Wir, denen er kundtut, was zum Leben hilfreich und nötig ist, wir sind seine Gegenüber, er nimmt uns wahr und ernst und wertschätzt uns, auf Augenhöhe, auf Ohrenhöhe. Und er tut das, wie im Monatsspruch zu lesen ist, auf Du und Du. „Du tust mir kund ...". Also nicht pauschal, nicht ein für alle Mal, nicht in Bausch und Bogen, nicht „so ganz allgemein". Gott spricht mich an, (und dich), persönlich – und der „Weg zum Leben", den er kundtut, ist mein ganz eigener (und deiner), ist der, der mir voran hilft, der dir Zukunft erschließt, den ich gehe, den du gehst, nach dem Maß meiner, deiner Schritte, mit meinem Tempo und deiner Ausdauer. Und unsere Wege müssen sich nicht gleichen wie es Autobahnen oder Bahngleise tun; unsere Wege haben unterschiedliche Beläge, Windungen, Brücken und Raststätten. Darum brauchen wir auch nicht zu streiten, wessen Weg denn der rechte sei. Aber wenn wir uns begegnen, beim Wandern, auf den Straßen, dann können wir einander die Hände reichen und Geschichten erzählen während der Rast, wie Gott uns geleitet und zur Seite geht. Das ist ermutigend!

Aufmerksamkeit

Und wie sieht er nun aus, der Weg zum Leben? Deiner anders als meiner, das steht schon fest – aber ich glaube, Gemeinsamkeiten gibt es doch. Denn es ist derselbe Gott, der uns begleitet. Darum enden unsre Wege nicht im Nichts, darum hebt sich der Nebel immer wieder, der sie manchmal deckt, darum finden wir Hütten und Rastplätze am Wegesrand jedes Mal, denn Gott sorgt für uns. Darum geht keine, geht keiner seinen Weg allein.

Und – ich bin überzeugt, aus Erfahrung – beim „Weg zum Leben" ist der Weg das Ziel. Gottes „Weg zum Leben" gehe ich recht, wenn ich Schauen und Lauschen übe, wenn ich ins Leben hineinhorche und zuhöre, wenn es mir etwas sagen möchte, wenn ich aufmerksam bin und aufmerke, wenn es mir mal zärtlich (aber bestimmt) in die Seite stößt. Alle Sinne auftun – so geht's auf dem „Weg zum Leben". Die Sinne und das Herz, damit ich Schritte wage, mich auf Gottes Geleit einlasse bei der Wanderung, damit ich auch die Wege einschlage, die ich nicht kenne, die mich verunsichern, die mich in die Fremde führen.

Auch dort ist der zuhause, der mir den „Weg zum Leben" kundtut, weil er – wie es der Prophet Jesaja einmal sagt – „Lust hat" an mir (und dir).

Thomas Weiß

Lied EG 296 Ich heb mein Augen sehnlich auf

Gebet

Mein Gott, lehre mich lauschen,
lehre mich schauen,
lehre mich kosten und fühlen,
damit ich höre, sehe, schmecke und spüre,
was dein Weg ist –
und damit ich unterscheiden kann:
was nur laut ist von deinen leisen Tönen,
was grell ist von dem Licht, das durch die Nächte hilft,
was zu süß ist von dem, was das Herz stärkt,
was mich stößt und zwingt von dem, was mich leitet.
Tu mir kund den Weg zum Leben,
tu ihn mir kund in allem,
was mir begegnet auf der Straße,
die ich gehe,
mit Hoffnung und Wagemut.
Amen.

Impuls

Vielleicht hast du es schon gemerkt:
Es gibt keine ungesegneten Wege!
Ohne Segen sind nur die,
die du nicht gehst.

Thomas Weiß[1]

---

1 Thomas Weiß, Mit Segen soll Gott dich überschütten © 2024, Gü-
tersloher Verlagshaus, Gütersloh, in der Penguin Random House
Verlagsgruppe GmbH.

Monatsspruch für März

Wenn bei dir ein Fremder in eurem Land wohnt, sollt ihr ihn nicht unterdrücken.

Levitikus 19,33

Der aktuelle Bezug

Die Monatslosung für März 2025 scheint im Frühjahr 2024, als diese Auslegung entsteht, aktueller als seit langer Zeit. Im November 2023 trafen sich Vertreter rechtsextremistischer Gruppen und Vertreter der AfD in Potsdam. Dabei wurde unverhohlen rassistisch und ausländerfeindlich debattiert und unter anderem über den Vorschlag einer „Remigration" wieder einmal laut nachgedacht. Remigration bedeutet nichts anderes als Deportation. Das hatten wir in Deutschland schon einmal. Unter der nationalsozialistischen Diktatur wurden alle zu Fremden erklärt, die nicht arisch waren. Sie wurden denunziert, enteignet, verfolgt und deportiert. Am Ende standen Auschwitz und Birkenau, um nur zwei Vernichtungslager zu nennen.

Die rechtsradikalen Politiker*innen und ihre Wähler*innen der Gegenwart machen mir Angst. Und nicht nur mir. Es macht vielen Menschen mit Migrationshintergrund zu Recht Angst. Plötzlich werden so aus Mitbürger*innen Fremde. Meine Zahnärztin etwa, deren Eltern aus der Türkei kommen oder mein Hausarzt, dessen Familie in Palästina lebt, ganz zu schweigen von meiner Freundin Maria, die in Italien geboren ist und seit dreißig Jahren hier lebt. Ich glaube, viele von uns haben

Freundinnen und Freunde, Kolleg*innen und Vorgesetzte, deren Vorfahren nicht schon hundert Jahre hier leben. Sind sie fremd?

Ist es nicht entsetzlich, dass Menschen in Deutschland, mit unserer nationalsozialistischen Geschichte, wieder Angst haben müssen, weil sie angeblich fremd sind? Wer, wie die AfD und andere rechtsextremistische Gruppen Menschenrechte mit Füßen tritt, tritt alles mit Füßen, wofür wir als Kirche einstehen wollen. Wir stehen dafür ein: Alle Menschen sind Ebenbilder Gottes. Alle Menschen haben von Gott die gleiche Würde bekommen. Alle Menschen sind gleich gewollt und gleich geliebt. Als Kirche und Diakonie sind wir für alle da, unabhängig von Alter, sexueller Orientierung, Herkunft und Religion, die uns brauchen auch und gerade für Menschen, die hier zugewandert sind, wann auch immer, aber auch für Menschen, die hier Asyl beantragen. So viel vorneweg. Daran gibt es nichts zu rütteln, darüber kann man nicht diskutieren, wenn man Christ*in sein will und Mitglied unserer Kirche. Denn die Achtung des Menschen und besonders des Menschen, der hier und da fremd ist, gehört zur DNA des Judentums und des Christentums. Und außerdem: Alle sind Ausländer – fast überall.

Menschen auf der Flucht

Und in dieser Situation ist es umso eindrücklicher, dass ein Monatsspruch dieses Thema aufgreift und uns, die wir diesen Monatsspruch lesen und hören, klar positioniert. Weltweit sind mehr als hundert Millionen Menschen auf der Flucht – ein trauriger Rekord. Die meisten Menschen, die ihr Zuhause verlassen mussten, leben als Vertriebene innerhalb des eigenen Landes und das oft unter prekären Umständen. Diejenigen, die ihr Land verlassen, finden übrigens meist Zuflucht in den Nachbarländern. Die Flucht-Ursachen sind vielfältig. Hunger, Klimawandel, Gewalt, Verfolgung, Krieg. Und wie viele von uns haben Fluchterfahrungen in der eigenen Familie. Nach den beiden Weltkriegen etwa, als so viele Menschen umherirrten und eine neue Heimat suchten. Oder ich denke an die Hugenotten, protestantische Franzosen, die in Deutschland im 17. Jahrhundert Zuflucht fanden und unsere Kultur geprägt und bereichert haben.

Zum Text selbst

In Levitikus 19,33 geht es um den Umgang mit Fremden, um den richtigen gottgewollten Umgang mit Menschen, die nicht zum Volk Israel gehörten. In den priesterlichen Gesetzestexten des Alten Testament wird an dreißig Stellen vom Fremden geredet. Diese Gesetzestexte sind nach der Rückkehr der Israeliten aus der Verbannung im Exil entstanden also im 5. Jahrhundert vor Christus. Die Verkündigung dieser Gebote wird aber im 3. Buch Mose vorverlegt in die Zeit der Wüstenwanderung des Volkes Israel nach dem Auszug oder besser gesagt der Flucht aus Ägypten. Damit sollen sie eine höhere Bedeutung und Verbindlichkeit bekommen. Sie gehören nach dem Selbstverständnis der biblischen Autoren also zum Urbestand der Selbstbestimmung des Volkes Gottes. Der Fremde, die Fremde ist jemand, der/die nicht zum Volk Israel gehört, aber im Land ansässig ist, also beim Volk wohnt. In der Regel gehören die Fremden zu den Armen im Land. Auf jeden Fall ist der/die Fremde sozial unterprivilegiert. Und wer Fremder ist, kann keinen Landbesitz erwerben. Umso auffälliger ist es, dass im priesterlichen

Gesetzeskorpus dem Fremden die gleichen Rechte und Pflichten zugeschrieben werden wie dem Israeliten. Nur in kultischer Hinsicht behält der Fremde einen besonderen Status.

Um es in unserer Sprache zu sagen: Es ist ein deutliches Bemühen um die weitgehende Integration des Fremden zu spüren. Integration nicht Remigration, also Beheimatung statt Abschiebung. Das klingt wie Politik, ja, aber es ist Theologie. Denn die Parteinahme für den Fremden resultiert aus der universalen Zuwendung Gottes zu allen Menschen und aus der Erfahrung des Volkes Israel. Sie selbst waren Fremde in Ägypten und verfolgt und missachtet. So soll es niemand anderem ergehen.

Fremde in der Bibel

Die Bibel ist nicht nur voller Anweisungen für den Umgang mit Fremden, sondern auch voller Geschichten von Flüchtlingen und Fremden.

Schon ganz am Anfang der Bibel wird ein Fliehender, der wegen seiner Schuld fliehen muss, unter Gottes Schutz gestellt. Kain, der seinen Bruder erschlug, er bekommt das Kainszeichen auf die Stirn und steht als fliehender Mörder unter Gottes Schutz. Ist das vorstellbar? Wir würden ihn abschieben.

Abraham, der Vater aller Menschen Israels, in dem alle gesegnet sind auf Erden, verlässt seine Familie und seine Heimat und ist unterwegs in der Fremde auf der Suche nach Gott. Sein Enkelsohn Jakob flieht vor seinem Bruder Esau und auf der Flucht sieht er Gottes Engel, die ihm beistehen werden. Jakob kehrt viele Jahre später in die Heimat zurück, aber sein Sohn Josef wird als Sklave nach Ägypten verkauft. Jakob, als alter Mann, kommt mit seinen anderen Söhnen und deren Familien als Wirtschaftsflüchtling nach Ägypten, denn in Israel herrscht Hungersnot, und dort in Ägypten ist sein Sohn Josef als Fremder der zweitmächtigste Mann im Reich. Jahrhunderte später sind alle seine Nachkommen wieder auf der Flucht und irren in der Wüste umher. Das Volk Israel auf der Flucht vor den Ägyptern, begleitet von Gott in Wolken- und Feuersäule.

Und genau das ist ja auch die Begründung für das Gebot unseres Monatsspruches. Den Fremdling soll man nicht bedrücken, weil die Israeliten selber Fremdlinge waren in Ägypten und dann auf der Flucht. Ja, im Vers 34, der auf den Vers 33 der Jahreslosung folgt, heißt es sogar, man soll den Fremden lieben. Das war eine Zumutung! Und es ist eine Zumutung bis heute. Denn ehrlich gesagt fällt es mir nicht immer leicht, meinen Kopf mit meinem Herzen zu verbinden. So ist das mit der Nächstenliebe. Der Nächste kann auch ein Fremder sein.

Maria, Josef und das Flüchtlingskind Jesus

Die bekannteste biblische Flüchtlingsfamilie sind Maria und Josef mit dem neugeborenen Kind. Der Sohn Gottes ist ein Flüchtlingskind. Ob er und seine Familie heute wohl in Deutschland aufgenommen würden? Oder treiben sie, Maria und Josef und das Gotteskind in einem Schlauchboot auf dem Mittelmeer? Wenn wir radikal zu Ende denken, dass Gott Mensch geworden ist in diesem Kind, dann finden wir Gott in den Flüchtlingen und Fremden unserer Tage. Und dann gilt: Was ihr getan habt einem von meinen geringsten Brüdern und Schwestern, das habt ihr mir getan oder eben auch nicht getan.

Folgerichtig heißt es auch bei uns in der Kirche. Man lässt keinen Menschen ertrinken. *Punkt.* Dieser Satz von Pfarrerin Sandra Bils auf dem Dortmunder Kirchentag 2019 ist das Motto des Bündnisses United4rescue (Gemeinsam retten e.V.). Aus dem einfachen Satz: Man lässt keinen Menschen ertrinken. *Punkt.* ist eine große Hilfsaktion geworden. Kirchen, kirchliche und nichtkirchliche Organisationen aber auch viele Einzelne beteiligen sich an den Kosten für Rettungsschiffe. In viele Kirchengemeinden gibt es Asylgruppen und immer wieder finden Menschen in Kirchenasylen Zuflucht vor Vertreibung. So ist Kirche, so sind Christ*innen politisch, nicht parteipolitisch engagiert, wenn es um das Recht auf Leben geht, ungeachtet wo eine herkommt, wie einer schreibt oder spricht und wie eine heißt.

Eine schöne kleine Geschichte zum Schluss. Als Schüler in Bristol erfuhren, dass der Hausmeister ihrer Schule seine Verwandten in seiner Heimat Jamaika seit vier Jahren nicht besucht hatte, sammelten sie Geld für ein Flugticket.[1]

Gabriele Arnold

---

[1] Gefunden in: Martin Smetana. Ein Jahr voller guter Nachrichten. Pattloch Verlag, München 2022.

Gebet

Und dann bitte ich dich noch, du Gott,
Freund der Fremden,
dass ich mich nicht einschüchtern lasse
von den Fanatischen und Engstirnigen,
von Hass und Menschenverachtung,
sondern, dass ich die Freiheit und
Gleichheit aller Menschen verteidige
und dass ich die Fremden schütze.
So wie du es geboten hast.
Amen.

Brannte nicht unser Herz in uns, da er mit uns redete?

Lukas 24,32

Heilige Momente sind kostbar. Die Geburt eines Kindes: das bange Warten, der erste Schrei – willkommen im Leben! Die erwachende Liebe zu einem anderen Menschen: die Blicke finden zueinander, ein vorsichtiges Lächeln und dann – Schmetterlinge im Bauch. Oder – unerwartete Hilfe in einer verzweifelten Situation: ein offenes Ohr, verständnisvolle Fragen, unaufdringliche Weggemeinschaft.

Ein heiliger Moment: das Herz brennt

Die Sehnsucht nach heiligen Momenten ist groß. Etwas Besonderes erleben. Wer sehnt sich nicht danach?

Fernseh-Sender sind Tag und Nacht damit beschäftigt, magische Momente zu produzieren. Ein zerstrittenes Paar versöhnt sich vor laufender Kamera. Unscheinbare Menschen werden als Supertalent entdeckt. Einer gewinnt im Duell und trägt eine Million Euro nach Hause.

Magische Momente scheinen eine große Inszenierung zu brauchen. – Wie ist das mit den heiligen Momenten, wenn Gott in unser Leben eintritt?

Wenn die Bibel von solchen Momenten erzählt, beginnen sie völlig unscheinbar. Zwei Fußgänger. In einer verlassenen Gegend. Enttäuscht und alleine. Gefangen in dem, was sie von Jesus erwartet haben, er aber nicht gebracht hat. Sie hatten so viel investiert. Drei Jahre ihres Lebens. Zeit, Geld und Lebenskraft. Alles für ihn! Und – alles für nichts! Aufgewühlt von Fragen und Zweifeln gehen sie ihren Weg und gleichzeitig fühlen sie sich innerlich müde und ausgelaugt.

Nichts deutet darauf hin, dass sich hier etwas Besonderes ereignen könnte. Unscheinbar und alltäglich bahnt sich dieser Moment an: Ein Unbekannter kommt dazu – geht mit – stellt Fragen – hört zu.

Nachdem der Unbekannte eine lange Zeit zugehört hat, beginnt er zu reden.

Sein Wort trifft ihre Situation. Durchbricht die Mauer aus Enttäuschung, Frust und innerer Leere, die sie um sich aufgebaut haben.

Sein Wort berührt ihre Herzen. Das merken sie erst im Rückblick: „Brannte nicht unser Herz, als er mit uns redete?"

Was die beiden Männer auf dem Weg nach Emmaus erlebt haben, hat sich bis heute unzählige Male wiederholt:

Gott redet, durchbricht Gleichgültigkeit und Enttäuschung, spricht in eine Situation hinein und berührt Herzen. Gott braucht dazu keine besondere Inszenierung. Es ist nicht entscheidend, ob uns sein Wort in einem bewegenden Festgottesdienst oder einer leeren Kirche, in einer kleinen Jungschargruppe oder im Zweiergespräch trifft. Menschen erleben es immer wieder: „Brannte nicht unser Herz, als er mit uns redete?"

Gott drängt sich nicht auf. Er bevorzugt die leisen Töne. Manchmal ist es so, dass wir auf einmal spüren: Gott ist da. Jetzt in diesem Augenblick. Ein heiliger Moment.

Wenn man die Geschichte von Kleopas und seinem Freund verfolgt, verbietet es sich, irgendwelche Handlungsanweisungen für heilige Momente davon abzuleiten.

Es hat sich ereignet! Der auferstandene Jesus ist ihnen begegnet. Und vielleicht ist es genau das, was für unseren Alltag gilt. Diese Begegnung mit dem auferstandenen Jesus kann sich jederzeit ereignen. Überall.

Ein heiliger Moment: die Augen werden geöffnet

Was ist wichtig? Was ist weniger wichtig? Was muss ich sofort erledigen? Was kann noch warten? Was muss vielleicht gar nicht sein?

Wir kennen solche Fragen. Sie begegnen uns täglich in irgendeiner Form. Und wir treffen jeden Tag – ob bewusst oder unbewusst viele solcher Entscheidungen. In Zeitmanagement-Büchern gibt es schlaue Abhandlungen dazu. Methoden, wie man die richtigen Prioritäten setzen und die Zeit besser ausnutzen kann.

Richtig schwierig wird es dann, wenn die Zeit eng wird und man nicht mehr einfach alles irgendwie machen kann. Nach welchen Kriterien entscheiden wir dann? Was hilft uns dabei, zwischen wichtig und unwichtig zu unterscheiden?

Für Jesus war die Zeit zwischen Ostern und Himmelfahrt ziemlich knapp. Eigentlich hätte er keine Zeit gehabt für lange Gespräche. Das ist doch kein effektiver Zeiteinsatz, sich so intensiv um diese beiden Jünger zu kümmern? Hätte er in dieser Zeit nicht Wichtigeres und Dringenderes erledigen können?

Die Geschichte der Emmaus-Jünger und alle anderen Oster-Berichte aus den Evangelien zeigen: Jesus ist sich selbst und dem, was ihm wichtig war, treu geblieben. Die Grundlage, auf der er seine Entscheidungen getroffen hat, lässt sich in dem einen Wort „Erbarmen" zusammenfassen. Im Neuen Testament wird in verschiedenen

Geschichten beschrieben, wie Jesus Menschen ansieht und tief berührt ist von ihrem Schicksal und ihrer Not. Luther übersetzt: „Er sah sie an und es jammerte ihn." (z.B. Matthäus 9,36; Markus 1,41; Lukas 10,33; Lukas 15,20)

Die Fragen und Zweifel, die Hoffnungslosigkeit und Enttäuschung der beiden Jünger haben Jesus umgetrieben und bewegt. Es hat ihm wehgetan, dass die beiden in seinem Tod am Kreuz keinen Sinn entdecken konnten. Es hat ihn geschmerzt, dass sie seinen Tod in der stellvertretenden Bedeutung für alle Menschen nicht wahrgenommen haben. Doch er lässt sie deshalb nicht links liegen, sondern nimmt sich Zeit und begleitet sie – so lange, bis ihre Augen geöffnet werden und sie glauben können.

„Er sah sie an und es jammerte ihn" – in dem, was Jesus hier tut, leuchten andere Ereignisse auf:

Der aussätzige Mann, der über und über mit Geschwüren bedeckt ist und zu Jesus kommt.

Die Frau mit dem zweifelhaften Ruf, die Jesus die Füße salbt und nicht weggeschickt, sondern als beispielhaft hervorgehoben wird.

Der verlorene Sohn, der nach Schweinemist stinkend zu Hause ankommt und noch bevor er irgendetwas zu seiner Entschuldigung sagen oder um Vergebung bitten kann, vom Vater umarmt und geküsst wird.

Es ist ein heiliger Moment, wenn ich merke, wie der liebevolle Blick von Jesus auch auf mir ruht. Wie er mich schon lange begleitet, mit mir geht, mich umarmt, meine Anliegen versteht und mir hilft zu glauben.

„Er sah ihn an und es jammerte ihn!" – Dieser Satz gilt für uns persönlich. Und er gilt auch für die Menschen um uns herum.

Was sehe ich, wenn ich Menschen ansehe? Welche Gedanken schießen mir durch den Kopf, wenn ich an Menschen vorbeigehe?

Wenn ich meinen Blick damit vergleiche, wie Jesus die Menschen ansieht, merke ich, wie sehr ich von anderen Bewertungen und Urteilen geprägt bin: von Ideal-Bildern über Aussehen und Gewicht. Von Meinungen, die um mich herum geäußert werden. Von Bewertungen, die tief in mir drinstecken.

Es ist ein heiliger Moment, wenn ich erkenne: Jesus sieht den Menschen neben mir auf genau dieselbe Weise an wie mich. Auch hier gibt es dieses Gefühl: „Brannte nicht unser Herz?" Ich setze den Satz so fort: Als er mir in meinem Nächsten begegnete auf dem Weg?

Ein heiliger Moment: die Beine geraten in Bewegung

Faszinierend – wie das bei Kleopas und seinem Freund weitergeht. Endlich erkennen sie Jesus. Doch dann verschwindet er wieder. Und sie? „Und sofort sprangen sie auf!" (Lukas 24,33). Sie laufen nach Jerusalem und treffen dort die anderen. Noch bevor sie irgendetwas sagen können, schallt es ihnen entgegen: „Der Herr ist auferstanden!" Dann sind sie dran: „Da erzählten die beiden, was sie unterwegs erlebt hatten und wie sie den Herrn erkannten" (Lukas 24,35).

Faszinierend – Momente, in denen einfach ganz klar ist, was zu tun ist. Momente, in denen einfach klar ist, was gesagt werden muss. Faszinierend – und doch auch herausfordernd.

In meinem Leben gibt es nicht viele Momente von dieser Sorte, sondern viel mehr von der anderen. Momente, in denen eben nichts so einfach klar ist. In denen ich vielleicht innerlich spüre, was dran ist, aber dann festgehalten werde durch äußere Zwänge, auch durch innere

Bequemlichkeit – aber vor allem auch dadurch, dass ich ganz einfach keine Zeit mehr habe, um irgendetwas zusätzlich zu machen.

Die Situation in unseren christlichen Gemeinden ist sehr unterschiedlich. Doch immer wieder ist zu hören: Da ist keine Zeit und keine Kraft mehr übrig. Es bricht immer mehr zusammen. Und dann noch dieses Gefühl der Frustration: Wozu haben wir unsere Zeit und Kraft investiert, wenn doch alles immer weniger wird?

Was ist dann mit diesen „heiligen Momenten"? Dass wir aufstehen und losgehen. Und einfach alles klar ist?

Die innere Kraft, die Energie und Leidenschaft der beiden Emmaus-Jünger kommt aus der Begegnung mit dem auferstandenen Christus. Sie erkennen ihn daran, wie er das Brot mit ihnen teilt. Dann erinnern sie sich: „Brannte nicht unser Herz in uns, da er mit uns redete auf dem Weg?" Aus diesem heiligen Moment folgt alles andere.

Und deshalb gilt es, genau an dieser Stelle anzufangen. Nicht bei der Aktion, sondern der Kontemplation. Nicht beim Arbeiten, sondern beim Beten. Nicht bei immer neuen Runden zur gemeinsamen Frustrationsbewältigung, sondern beim Vertrauen darauf, dass der auferstandene Jesus Christus da ist und da bleibt:

Herr, bleibe bei uns!
Beschenke uns mit heiligen Momenten.
Berühre uns mit deinem Wort.
Brich das Brot und segne den Wein.
Bewahre uns in der Gemeinschaft mit dir.

Gottfried Heinzmann

Gebet

Bleibe bei uns, Herr, denn es will Abend werden,
und der Tag hat sich geneigt.
Bleibe bei uns und bei deiner ganzen Kirche.
Bleibe bei uns am Abend des Tages,
am Abend des Lebens, am Abend der Welt.
Bleibe bei uns mit deiner Gnade und Güte,
mit deinem heiligen Wort und Sakrament,
mit deinem Trost und Segen.
Bleibe bei uns, wenn über uns kommt
die Nacht der Trübsal und Angst,
die Nacht des Zweifels und der Anfechtung,
die Nacht des bitteren Todes.
Bleibe bei uns und bei allen deinen Gläubigen
in Zeit und Ewigkeit.

Georg Christian Dieffenbach[1]

Impuls

Der Augenblick ist jenes Zweideutige,
darin Zeit und Ewigkeit einander berühren.

Sören Kierkegaard

---

1   Aus: Evangelisches Gesangbuch, Ausgabe für die Evangelische Landeskirche in Württemberg, S. 1218.

Zu dir rufe ich, HERR; denn Feuer hat das Gras der Steppe gefressen, die Flammen haben alle Bäume auf dem Feld verbrannt. Auch die Tiere auf dem Feld schreien lechzend zu dir; denn die Bäche sind vertrocknet.

Joel 1,19–20

„Wenn alles grünt und blüht ..."?

Waldbrände und eine Dürre, die alles verzehrt. Der Monatsspruch aus Joel 1 liegt erst einmal sehr quer zu unserem Mai-Empfinden. Felder, Wälder, Bäume und Büsche leuchten in sattem Grün. Grün in allen Schattierungen. Zauberhafte Blühfarben und betörende Düfte erfüllen die Luft. Der Wonnemonat Mai ist in unseren Breiten der Wachstumsmonat schlechthin. „Wie lieblich ist der Maien ..., wenn alles grünt und blüht ...!" (EG 501) Wie da im Mai dieses Wort aus Joel hören? Das schmeckt ganz und gar nicht nach Maibaum und Maifreuden.

Aber vielleicht ist das Wort aus Joel genau in diesem Kontrast aktuell und nah: „Wenn alles grünt und blüht", da fragt man sich heute unweigerlich: Stimmt das so? Trägt das? Und wie lange noch? Ist das nicht bedroht? Oder bald aus der Welt verschwunden? Für mich und die nach mir?

Denn das ist nicht jenseits unserer Vorstellungen: Wie eine Dürre Felder und Bäume verzehren kann. Wie Brände all überall wüten – im Wald und auf den Wiesen. Kein Wasser, kein Futter für die Tiere des Feldes, auch nicht für Rinder und Schafe. Hier in Joel 1 haben dazu noch Heuschre-

42

cken zuvor schon alle Nahrung weggefressen. Eine Plage, noch schlimmer als die dereinst in Ägypten (2. Mose 10).

Und die Menschen? Denen geht es nicht besser. Bauern und Winzer stehen mit leeren Händen da. Kein Getreide, kein Wein, kein Öl, keine Granatäpfel, keine Datteln, keine Äpfel. Nichts. Und für die Jungen? Keine Aussicht auf eine heilvolle Zukunft. Es heißt: „Heule, wie eine Jungfrau, die Trauer anlegt wegen ihres Bräutigams!" (1,8). Also Sackleinen statt Hochzeitskleid. Und auch der Tempel ist zum Ort der Trauer geworden: Für Gotteslob und Dank sind Speis- und Trankopfer unmöglich geworden. Trauer liegt über dem ganzen Land. Nichts geht mehr. Pessimismus regiert.

So fern und fremd ist diese Stimmungslage heute nicht. Zukunftsängste sind verbreitet. Viele empfinden so im Blick auf Klimawandel und Kriege, im Blick auf Konsum und Industrie. „Es muss weitergehen", sagen die einen, „komme, was da wolle. Alternativlos." Andere warnen: „So nicht! Das wird nur noch bedrohlicher." Und wie reagieren Menschen bei Joel?

„Zu dir rufe ich!"

Das ist der Ausgangspunkt für eine umfassende Wende. Ein Mensch nimmt eine Beziehung auf. Zu Gott. Das Gebetswort ist wie eine Schnittstelle, ein Eröffner, ein erster Schritt auf dem Weg zu einer heilvollen Zukunft. Weswegen es nicht isoliert betrachtet werden soll. Es hängt mit dem Zuvor und dem Danach eng zusammen und macht erst im Zusammenhang Sinn.

Ein Einzelner, ein Ich meldet sich. Kein leises, stilles Gebet ist das, sondern ein Rufen und Schreien, ein Seufzen und Klagen. „Das Gebet ist ein Reden des Herzens mit

Gott", hat Johannes Brenz einmal formuliert. Genau das geschieht hier. Was vor Augen und auf dem Herzen ist, was belastet, was einen klagen und schier gar verzweifeln lässt, nämlich die verheerende Lage, alles das wird im Gebet vor Gott gebracht, in einem Gebetsaufschrei: „Feuer hat das Gras der Steppe gefressen, die Flammen haben alle Bäume auf dem Feld verbrannt (...) die Bäche sind vertrocknet." So ein Gebet platzt aus einem heraus. Dafür braucht es keine Ansage und keine Aufforderung.

Bemerkenswert daran ist zweierlei: 1. Klagen ohne anzuklagen. Kein Ton einer Anklage steckt in diesem Gebet. Kein „Wie kannst DU das nur zulassen, Gott?". Gott wird nichts vorgehalten. Und Schuldige werden auch nicht gesucht.

2. Der Betende erlebt die Brände und die Dürre nicht nur als Bedrohung der eigenen Existenz. Alle Mitkreaturen leiden. Der Beter weiß sich in Not und Elend verbunden mit den Pflanzen und den Tieren des Feldes. Noch mehr als nur eine Schicksalsgemeinschaft verbindet hier Mensch und Tier. Mensch und Tier sind im Gebetsschrei verbunden. „Auch die Tiere auf dem Feld schreien lechzend zu dir." Was im Psalm 43 als Gleichnis erscheint – „Wie der Hirsch lechzt nach frischem Wasser, so schreit meine Seele zu dir" (Psalm 43,1) – das wird hier bei Joel zu einer Gebetsgemeinschaft. Mensch und Tier vereint im Anrufen Gottes. Dieser Gebetsschrei bewegt, bringt eine Wende in Gang.

Höchste Alarmstufe: „Blast die Posaune ...!"

Die Dürrekatastrophe soll als Zeichen und Vorbote verstanden werden: „Der Tag des HERRn ist nahe und kommt ..." (1,15) Das sollen alle mitbekommen und alle sollen darüber erzittern (2,1). Keiner soll sich zurücklehnen und sagen: „Das geht mich doch nichts an." Darum: „Blast die Posaune ...!"

Dieser Tag des HERRn wird als „Verderben" (1,15) erwartet, als ein „dunkler, wolkiger, nebliger Tag" (2,2). So die menschliche Erwartung. Doch Gott erscheint dann doch noch einmal ganz anders als erwartet: als Heilsbringer (2,18ff).

Was die Prophetie von Joel so besonders macht: Es wird nirgends nach Schuldigen gesucht! Niemand wird persönlich angeklagt, auch keine einzelne Gruppe. Und so richtet sich der Aufruf des HERRn auch an alle: „Kehrt um zu mir von ganzem Herzen mit Fasten, Weinen und Klagen!" (2,12) Fasten und Sich-Einschränken, wo es doch zugleich am Nötigsten fehlt? Wie das? Fasten als eine Zeit der Selbstbeschränkung, der Zurücknahme. Es geht hier um mehr als um eine bestimmte Sparquote, nicht um „etwas weniger" auf höchstem Wohlstandsniveau. Es geht angesichts dieser katastrophalen Situation um einen radikalen Sinneswandel aller, um ein Umkehren zu Gott „von ganzem Herzen". Alle sollen sich IHM zuwenden. Dazu ruft Gott auf.

Das neue Leben beginnt im Herzen

Unter Tränen wird dann die eindringliche Bitte laut: „HERR verschone dein Volk ...!" (2,17) Dieses zweite Gebetswort steht unmittelbar vor der Wende, da aus Unheil Heil wird. Aus Not und Trauer werden Freude und volles Genüge.

Das neue Leben beginnt im Herzen. In drei Schritten. 1. mit einem Gebetsschrei aus vollem Herzen! (1,19–20) Ein Schrei, der nichts beschönigt. Und 2. der Herzenswende, der Umkehr zum Vertrauen in den gnädigen und barmherzigen Gott (2,13). Daraus wächst 3. die Bitte um Verschonung im tiefen Vertrauen auf die unverbrüchliche Treue Gottes (2,17). Ein Vertrauen, das nicht enttäuscht wird. Dann geschieht es: Ackerböden werden wieder fruchtbar (2,21), verdorrte Bäume tragen wieder reichlich Früchte, Feigen und Wein und Öl (12,22). Die Freude kehrt zurück. Gott ist da.

Unter Tränen wie verwandelt

Mich fasziniert und tröstet die Radikalität von Joel. Radikal im Beschreiben der Not. Radikal im Beten. Radikal auch im Beschreiben der Mächte, die in Not und Elend führen: Heuschrecken, Dürre, Brände, Hunger und die militärischen Verwüstungen. Dabei auch radikal im Vermeiden, jemandem Schuld zuzuweisen. Auch nicht Gott. Es geht darum, Verantwortung zu übernehmen. In sich selber einen Umbau vorzunehmen. Umkehren. Das Herz bekehren und unter Tränen zu Gott umkehren. Unter Tränen zu Gott flehen: Verschone uns!

Das Ende ist nicht das Ende

Wenn wir Bilder im Kopf haben von wachsenden Wüsten im Süden, wenn wir wissen, dass Dürren näher rücken können – von Nordafrika nach Spanien und nach Italien und bis in unsere Regionen, wenn Kriege und ihre Zerstörungen uns erschrecken, so ist das ein Trost, mein Trost: Das beklagte und angesagte und erwartete Ende ist nicht das Ende. Wo Naturkatastrophen und menschengemachte Verwüstungen eine Welt in Trauer stürzen – da ist doch Gottes Liebe zu dieser Welt nicht aus der Welt. Wo das gehört und geglaubt wird, wo das gespürt und beherzigt wird, kann sich ein Weg zur Überwindung auftun. Für die kommende Welt Gottes steht am Horizont unauslöschlich die Ostererfahrung: „Der HERR ... gibt mich dem Tode nicht preis!" (Psalm 118,18).

Oscar Wilde (1854–1900) hat einmal formuliert: „Am Ende wird alles gut! Und wenn es noch nicht gut ist, ist es noch nicht das Ende." Im Licht von Joel und dem Monatsspruch ist das keine Schönfärberei. Es gilt, in der Ohnmacht Hoffnung nicht preizugeben. Eben aus dieser Erfahrung spricht die Prophetie von Joel. Nicht an irgendeiner Hoffnung festhalten, sondern die Hoffnung auf den, der aus dem Tod neues Leben erschaffen kann – und mit seinem Heiligen Geist unter Menschen immer wieder ein neues Miteinander erwecken kann.

Harry Waßmann

Lied EG 382 Ich steh vor dir mit leeren Händen Gott

Gebet
Lebendiger Gott,
Grund der Hoffnung, der Freude und der Liebe!
Öffne unsere Herzen und erfülle sie
mit dem Feuer deiner göttlichen Liebe!
Wir bitten dich:
Für alle, die unter Ängsten vor der Zukunft leiden.
HERR, erbarme dich!
Für alle, die den Mut zum Leben verlieren.
HERR, erbarme dich!
Für alle, die verzagten Herzens sind.
HERR, erbarme dich!
Für alle, die jede Hoffnung verloren haben.
HERR, erbarme dich!
Für alle, die nur noch zynisch auf Krisen reagieren.
HERR, erbarme dich!
Für alle, die nicht aufgeben,
die Vertrauen bewahren und weitergeben.
HERR, erbarme dich! Amen.

Mir aber hat Gott gezeigt, dass man keinen Menschen unheilig oder unrein nennen darf.

Apostelgeschichte 10,28

Was für eine klare Aussage in unseren Zeiten, in denen es immer mehr Ideologien gibt, die Regeln aufstellen, wer zu den „wirklich Guten", den „wirklichen Deutschen", den „wirklichen Demokraten", den „wirklichen Frommen" gehört. „Keinen Menschen darf man unheilig oder unrein nennen."

Dass könnte auf einem Plakat stehen bei den Demonstrationen gegen Rechtsextremismus, die sich dagegen wehren, dass Menschen mit Migrationshintergrund nicht zu Deutschland dazugehören sollen. Viele Menschen aus den Gemeinden beteiligen sich an diesen Demonstrationen. Landesbischof Ernst-Wilhelm Gohl hat das explizit gesagt, dass in der Nachfolge von Christus kein Platz ist für Rechtsextremismus.

„Die Haltung des Rechtsextremismus ist mit christlichem Glauben nicht vereinbar." Gohl begründet seine Haltung mit der „fundamentalen Abwertung anderer Menschen", die aus den Reden von Björn Höcke, Vorsitzender der AfD-Fraktion im Thüringer Landtag, spreche. Gohl betonte: „Wenn ich zu Äußerungen von Herrn Höcke schweigen würde, dann würde ich so handeln wie die Kirche in den 1930er Jahren, als sie viel zu lange geschwiegen hat gegen die Menschenverachtung von Rechtsextremisten."[1]

---

1 S. Pressemeldung Evang. Landeskirche in Württemberg, 11. März 2024.

Jeder Mensch ist Bild Gottes

„Keinen Menschen darf man unheilig oder unrein nennen." Gut, so würden wir es heute vielleicht nicht sagen, nicht mit diesen Begriffen „unheilig" und „unrein", wenn wir betonen: jeder Mensch hat die gleiche Menschenwürde. Jeder Mensch ist Bild Gottes.

„Niemand darf wegen seines Geschlechtes, seiner Abstammung, seiner Rasse, seiner Sprache, seiner Heimat und Herkunft, seines Glaubens, seiner religiösen oder politischen Anschauungen benachteiligt oder bevorzugt werden. Niemand darf wegen seiner Behinderung benachteiligt werden." So heißt es im Grundgesetz Artikel 3.3.

Der Alltag sieht oft anders aus. Nicht nur in den politischen Aussagen rechtsextremer Gruppen. Sondern auch ganz praktisch als Erfahrung von Schülern und Schülerinnen – oder am Arbeitsplatz – oder in Vereinen, vielleicht durchaus auch in Kirchengemeinden.

Wer anders ist oder isst – wer anders aussieht – wer sich anders verhält – wer eine andere Meinung hat ... der gehört oft nicht so richtig dazu. Und erlebt Mobbing in den verschiedensten Spielarten.

Es sind aber nicht nur die Anderen: ich brauche auch eine ehrliche Analyse von meinem eigenen Verhalten. Wie gehe ich selber um mit Menschen, die mir so unvertraut sind, die so anders sind als ich?

Keinen Menschen darf man unheilig oder unrein nennen. Das ist eine sehr große Herausforderung.

In der Theorie stimmen da wohl die meisten zu – aber in der Praxis?

Die Begegnung von Petrus mit dem römischen Hauptmann Kornelius

Aus der Apostelgeschichte stammt dieser ethisch so wichtige Satz des Monatsspruchs.

Ich möchte mit Ihnen einmal nachschauen, in welchem Kontext der biblische Vers steht. Und da ist es wichtig, noch mal den ganzen Vers zu lesen.

„Mir aber hat Gott gezeigt, dass man keinen Menschen unheilig oder unrein nennen darf."

Mir hat Gott gezeigt ... Das ist also nicht nur eine allgemeine ethische Aussage, dahinter steckt eine eigene Erfahrung. Und – das kennen wir ja alle – erst die eigene Erfahrung macht einen klug.

In der Apostelgeschichte 10 geht es um die Begegnung von Petrus mit dem römischen Hauptmann Kornelius in Caesarea, einer von König Herodes zu Ehren des Casar Augustus erbauten Stadt.

Der Jünger Petrus, mit seiner Leidenschaft in der Nachfolge Jesu, mit seiner Schuldgeschichte der Verleugnung von Jesus, mit der vergebenden und aufrichtenden Erfahrung mit dem Auferstandenen – er nimmt seinen Auftrag sehr ernst, seinen jüdischen Geschwistern diesen befreienden Glauben an Jesus, an den Christus weiter zu geben. Ihnen deutlich zu machen, dass im Glauben an den Auferstandenen die Befreiung weiter zu erleben ist, die seit dem Exodus in der jüdischen Tradition Kern des jüdischen Glaubens ist. Sollte Christus nicht der erwartete Messias sein?

Das wurde damals in jüdischen Gemeinden heiß diskutiert – und Petrus und die kleinen Gemeinden, die an Jesus Christus glaubten, konnten nicht alle überzeugen.

Da erlebt Petrus in ganz intensiver Weise, wie Gott die Grenzen seines Denkens und Glaubens, seiner Urteilskraft, seiner Bewertung von anderen Menschen weitet.

Der römische Hauptmann Kornelius wird als ein gottesfürchtiger Mann beschrieben. Er gab den Armen viele Almosen – und er betete viel. Es war ihm Ernst mit seinem Glauben an Gott. Als Römer war er früher geprägt durch den Glauben an verschiedene Gottheiten – aber er verstand inzwischen, dass es nur den einen Gott geben konnte, der Himmel und Erde erschaffen hat. Er war ein Suchender – wohin gehöre ich? Zu welcher Religionsgemeinschaft?

Suchende sind Menschen, die sich öffnen können

Und so wird erzählt, dass Kornelius beim Beten einen Engel Gottes wahrnahm, der zu ihm sagte: „Gott hat deine Almosen, deine Unterstützung der Armen und dein Gebet wahrgenommen." Und er fordert ihn auf, dass er Boten schicken soll zu Simon mit dem Beinamen Petrus, damit der zu ihm komme. Kornelius schickt zwei Knechte – und einen frommen Soldat, wie es ausdrücklich heißt.

Fast zeitgleich hat Petrus in Joppe, weit entfernt, beim innigen Beten eine ganz seltsame Vision: Ein Tischtuch kommt vom Himmel, ein Tuch, an vier Zipfeln festgehalten, und mittendrin sieht Petrus vierfüßige und kriechende Tiere der Erde und Vögel des Himmels. Und Petrus wird aufgefordert, diese Tiere zu schlachten und zu essen. Er ist entsetzt und wehrt ab. Als frommer Jude hat er noch nie diese unreinen Tiere geschlachtet – geschweige denn gegessen. Aber er hört eine Stimme – für ihn die

Stimme Gottes: „Was Gott rein gemacht hat, nenne du nicht unrein."

Das geschah dreimal. Dann wurde das Tuch wieder zum Himmel gezogen.

Man kann sich vorstellen, wie verwirrt, vielleicht sogar verstört Petrus war. Sollte das nicht mehr gelten, was er seit seiner Kindheit gelernt hat – die Unterscheidung beim Essen – und auch im Umgang mit anderen Menschen – was rein und was unrein ist?

Was bedeutet das, was Gott rein gemacht hat, soll ich nicht unrein nennen?

Also gibt es nichts Unreines – weil Gott doch alles geschaffen hat?

Noch weiß Petrus nicht, dass Gott ihn dadurch vorbereitet auf die Begegnung mit dem römischen Hauptmann.

Innere Vorbereitung auf neue Herausforderungen

Es ist schon immer wieder beeindruckend, wie Gott uns – im Traum, in Gedanken, in Gebeten – innerlich vorbereitet auf ganz neue Erfahrungen, auf neue Herausforderungen, auf Veränderungen. Wir verstehen es manchmal allerdings erst im Nachhinein.

Petrus lässt sich ein, mit den Männern nach Caesara zu Kornelius zu gehen, nachdem er erfahren hat, dass Kornelius auch einen Traum hatte.

Als sie ankamen, da war das Haus voll – mit der ganzen Familie und nächsten Freunden.

Einem frommen Juden, auch wenn er nun Christ ist, galt das Haus eines römischen Hauptmanns als unrein. „Ihr wisst, dass es einem jüdischen Mann nicht erlaubt ist, mit einem Fremden, einem Römer umzugehen und zu ihm zu kommen. Aber Gott hat mir gezeigt, dass ich keinen Menschen unheilig oder unrein nennen darf. Darum habe ich mich nicht geweigert, zu euch zu kommen."

Und Petrus erzählt von Jesus, „wie Gott ihn in der Taufe gesalbt hat mit Heiligen Geist und Kraft", wie er umhergezogen ist und Gutes getan und Kranke geheilt hat, wie er gekreuzigt wurde und von den Toten auferstanden ist. Und wie alle, die an ihn glauben, die Kraft der Vergebung erfahren. Während seiner Predigt erlebt Petrus, wie die römischen, die ihm fremden Menschen berührt werden, von der Kraft des Heiligen Geistes berührt, wie es heißt. Und Petrus spürt, dass seine so verinnerlichten Regeln nicht mehr gelten können. Nicht er, sondern Gott entscheidet, wer dazu gehört.

Und er taufte sie alle.

„Gott hat mir gezeigt, dass *ich* keinen Menschen unheilig oder unrein nennen darf."

Durch die Begegnung mit Kornelius, diese innere Berührung durch Gottes Wort ist die allgemeine Äußerung zu einem sehr persönlichen Satz, zu einer persönlichen Überzeugung geworden. Petrus sagt *ich*.

Das ist es, was wir heute brauchen; den Mut, *ich* zu sagen, wenn wir uns deutlich äußern gegen Ausgrenzung von Menschen, die anders sind – oder von anderen zu anderen gemacht werden.

Petrus wird nach dieser Begegnung sagen: „Nun erfahre ich in Wahrheit, dass Gott die Person nicht ansieht, sondern in jedem Volk, wer ihn fürchtet und Recht tun, der ist ihm angenehm" (Apostelgeschichte 10,34.35).

Esther Kuhn-Luz

Gebet

Du, unser Gott,
wir danken dir, dass du uns immer wieder
Begegnungen schenkst,
die unseren Blick weiten und vor allem unser Herz.
Begegnungen, die unser Denken öffnen
für die Vielfältigkeit, wie du, unser Gott,
in so unterschiedlichen Menschen zu erkennen bist.
Du kennst die Grenzen in unseren Köpfen,
die uns oft so unfähig machen,
deine Gegenwart wahrzunehmen in Menschen,
die anders leben und denken und glauben als wir.
Du, unser Gott,
wir bitten dich von ganzem Herzen,
schenke jedem und jeder von uns den Mut,
einzutreten für diejenigen, die ausgegrenzt werden –
in der Schule, in der Arbeit, in der Politik,
in der Kirche.
Amen.

Sorgt euch um nichts, sondern bringt in jeder Lage betend und flehend eure Bitten mit Dank vor Gott!

Philipper 4,6

Sorgt euch um nichts. Das sagt sich so leicht. Als ob wir keine Probleme hätten. Als ob es nur Kleinigkeiten wären, die uns bedrängen. Als ob *wir* mit unserer Sensibilität der Grund wären oder unser „Jammern auf hohem Niveau".

Doch, ich mache mir Sorgen

Wenn mir in den Medien die Krisenherde und Brennpunkte unserer Welt vor Augen geführt werden, dann frage ich mich: Wird es zwischen der Ukraine und dem Aggressor Russland jemals Friedensverhandlungen geben? Werden sich Selbstbestimmung und Freiheit durchsetzen lassen? Oder ist die Kapitulation nur noch eine Frage der Zeit?

Haben unsere Regierungen wirklich noch Hoffnung auf einen Sieg der Ukraine? Oder traut sich nur niemand den ersten Schritt zu machen? Weitet sich der Krieg gar aus? Wird Westeuropa hineingezogen? Werden noch mehr Tabus gebrochen und plötzlich stehen deutsche Soldaten an den in der Ukraine eingesetzten Waffen?

Heißt die Alternative nicht mehr Sieg oder Niederlage, wie uns noch Militärbeamte weismachen wollen, sondern Niederlage oder Weltkrieg?

Doch, ich mache mir Sorgen! Sorgen um einen Einmarsch Chinas in Taiwan. Sorgen um den Frieden in Nahost und ein gerechtes Miteinander zwischen Israelis und Palästinensern. Sorgen um die 20% armutsgefährdeter Kinder in Deutschland. Sorgen um die Flüchtlinge, die zu wenig Unterstützung für eine gelingende Integration erhalten. Sorgen um einen wachsenden Rechtsradikalismus in Deutschland und Europa. Sorgen um die Auswirkungen der Klimaveränderung. Um ganze Länder, in denen der Regen ausbleibt. Sorgen um die Migrationsbewegungen, die darauf folgen.

Ja, Wir haben in den letzten Jahren viele Krisen gehabt, die sich überlagert haben. Besonders die Coronakrise, die viele Menschen verunsichert hat und Selbstverständlichkeiten zerbröseln ließ. Am meisten mussten wohl Kinder und Jugendliche darunter leiden. Krisen führen zu vermehrtem Sorgen.

Und doch sollten wir uns selbstkritisch fragen: was steckt hinter der Sorge? Ist es die Angst vor einer Verringerung unseres Wohlstands oder ist es die Angst um unser Leben und das unserer Kinder im Falle eines Krieges?

Geht es bei unserer Sorge um andere Menschen wie die weinende Kinderheimleiterin in Kiew, deren Kinder verstört sind, oder um den Säugling aus Gaza, der niemanden mehr hat?

Steckt hinter der Sorge echtes Mitgefühl oder Eigeninteresse, die Angst um andere oder die Angst um uns selbst?

Müssen wir gar unterscheiden zwischen berechtigten und unberechtigten Sorgen? Sind die Sorgen, an die Paulus denkt überhaupt vergleichbar mit den unsrigen? Versuchen wir einmal das Gespräch mit ihm:

Du hast dir auch Sorgen gemacht

Seien wir ehrlich, Paulus, du hast dir doch auch Sorgen gemacht. Erzähl uns doch nichts. Egal, ob du den Philipperbrief aus Ephesus geschrieben hast oder doch am Ende deiner Tätigkeit aus Rom: Du hattest schon viel erlebt. Bei deinen Gemeinden in Galatien hast du Angst gehabt, dass all dein Einsatz umsonst war. „Habt ihr so vieles vergeblich erfahren?". In Korinth gab es viele, die dich verachtet haben. Im Philipperbrief hattest du dir Sorgen um deinen Mitarbeiter aus Philippi gemacht, der bei seinem Besuch schwerkrank wurde. In der Gefangenschaft hattest du Angst um dein eigenes Leben. Und was im Philipperbrief noch zuversichtlich klingt, hört sich im 2. Korintherbrief im Rückblick ganz anders an. Geradezu traumatisch müssen die Erlebnisse in Ephesus gewesen sein: Worte wie „über die Maßen beschwert", „am Leben verzagt", „wir dachten, wir müssten sterben" sprechen eine deutliche Sprache.

Nicht bei den Sorgen stehen bleiben!

Aber du bist dabei nicht stehen geblieben. Du hast gekämpft um deine Gemeinden. Wenn auch nur eine kleine Hoffnung bestand, hast du selbst alles getan, um die sorgenbereitende Situation zu entschärfen. Oft warst du der Vermittler bei Konflikten. An die Galater und die Korinther hast du leidenschaftliche Briefe geschrieben. Sogar um einen entlaufenen Sklaven hast du dich gekümmert. Manches änderte sich tatsächlich zum Positiven: Aus Korinth kamen tröstende Nachrichten. Epaphroditus wurde gesund. Der Sklave Onesimus wurde von seinem Besitzer Namens Philemon vielleicht für dich freigestellt. Alles hast du auch Gott anbefohlen. Auch deine Reisepläne und die Situationen, deren Änderung nicht in deiner Hand lagen. In der Gefangenschaft – ob in Ephesus oder in Rom – schreibst du: Christus ist mein Leben, Sterben ist mein Gewinn (Philipper 1,21).

Hast du dir da selbst Mut gemacht? Ich denke, du warst überzeugt davon, dass dein Leben und dein Lebensvollzug nicht nur dir selbst zu verdanken sind, sondern dass es einen anderen gibt, der dich auf einen Weg gestellt hat. Du hast dich neu vergewissert, dass die Gemeinden in Galatien, Korinth, Philippi und anderswo nicht Dank deiner Überredungskunst entstanden sind, sondern dass ein anderer den Glauben gewirkt hat. Ja, dass es einen anderen gibt, der hinter dir steht, und dir vorangeht und dich hält. Und dass es darum geht, dass dieser andere erkennbar wird, egal, ob du lebst oder stirbst. Wenn ich dich richtig verstehe, geht es dir mehr um ihn, um Christus, und weniger um dich. Solltest du zum Tod verurteilt werden, wird dein Werk – wenn Christus will – von einem anderen fortgeführt werden. Du wähnst dich dann am Ziel, der Anerkennung deines Lebenswerks durch Gott – oder wie du sagen würdest: dem Siegespreis der himmlischen Berufung Gottes durch Christus Jesus (Philipper 3,14).

Wenn du lebend das Gefängnis verlässt, wirst du weiter Christus dienen bis zu deinem Tode oder – wovon du überzeugt warst – bis Christus wieder kommt.

Und doch hat der Blick auf deinen Lebensgrund dich nicht dahin geführt, dass die Welt dir gleichgültig geworden wäre. Nein, die Mitmenschen sind dein Ziel geblieben. Um ihretwillen ist es dir wichtiger, weiterzuleben und dich für sie einzusetzen mit all deiner Kraft und vollem Risiko. Deine Sorgen haben dich nicht gelähmt. Sie haben dich Möglichkeiten entdecken lassen und dich zum Handeln geführt, nachdem du dich Gott anbefohlen hattest. Dein Gebet und die Fürbitte der Gemeinde haben dir Zuversicht gegeben. „Mir wird dies zum Heil ausgehen durch euer Gebet und den Beistand des Geistes Jesu Christi", so hast du geschrieben.

Solltest du den Philipperbrief aus Ephesus geschrieben haben, hat deine Ahnung gestimmt. Wurde er aus Rom geschrieben, hat der Tod auf dich gewartet. Aber vielleicht hättest du auch im Angesicht des Todes gesagt: Es gehe zum Heil für dich aus, „Sterben ist mein Gewinn". Danke für das Gespräch.

Auf einen Weg gestellt

Kann Paulus uns beim Umgang mit unseren Sorgen inspirieren? Kann uns ein Brief aus dem Jahr 54–64 im Jahr 2025 etwas geben, was wir nicht sowieso schon wissen?

Wir würden heute die Wissenschaft der Psychohygiene, der Lehre von der Erhaltung der seelischen Gesundheit, zu Rate ziehen: Menschen brauchen Liebe, Sicherheit, Anerkennung, Erfolgserlebnisse, Raum zu freiem, schöpferischem Tun, Erlebnisse mit Erinnerungswert und Selbstachtung.

Wichtig wären wohl auch sportliche Betätigung, gesunde Ernährung, eine gute Work-Life Balance und aufbauende Sozialkontakte. Vielleicht noch die Suche nach einem Ziel, das uns motiviert und begeistert und für das wir „leben" wollen. Das ist eine gute Prävention gegen die Sorge.

Paulus kann uns etwas anderes geben. Und er steht damit nicht allein. Er steht in der Tradition des Judentums und im Verbund der Urchristenheit. Auch von Jesus wird überliefert: „Sorgt nicht ... trachtet zuerst nach dem Reich Gottes, dann wird euch das alles zufallen."

Oder im 1. Petrusbrief 5,7 steht: „Alle eure Sorgen werft auf ihn, denn er sorgt für euch."

Es wird uns kein Rezept gegeben. Es wird uns eine Vertrauensbeziehung vorgelebt. Eine Vertrauensbeziehung, die sich trotz Zweifel bewährt. In dieser Beziehung wächst ein Vertrauen, das sich gegen die erfahrene Wirklichkeit oder gar unabhängig davon gehalten weiß. Vertrauen, das immer wieder neu die Gewissheit sucht, auf dem richtigen Weg zu sein und an das richtige Ziel geführt zu werden. Der Blick auf das Gegenüber und die Gewissheit seiner Nähe lassen manche Sorge kleiner werden. Denn die letzte Erfüllung des Auftrags und unseres Lebens liegen bei ihm.

Stefan Veihelmann

Lied EG 398 In dir ist Freude

Gebet

Treuer Gott,
lass mich nie an deiner Treue so zweifeln,
dass ich dich aufgebe.
Lass mich daran festhalten,
dass es ein gutes Ziel für diese Welt gibt.
Erhalte mir die Gewissheit, dass es Sinn macht,
sich für dieses Ziel einzusetzen.
Bleibe du mir der liebende Gott,
auf den ich alle Hoffnung für diese Welt
und für mich setze.
Sei mir der Ansporn, das Meine zu tun.
„Wenn nicht ich – wer sonst."

Impuls

Ohne die Vision Gottes ist die Geschichte nicht mehr auszuhalten.

Arnold J. Toynbee (1889–1975)

**Gottes Hilfe habe
ich erfahren bis zum
heutigen Tag und
stehe nun hier und
bin sein Zeuge.**

Apostelgeschichte 26,22

Das Leben verteidigen

Das Schlussplädoyer der Verteidigung ist vielen ein Begriff. Auch wenn die meisten Menschen keine persönlichen Erfahrungen mit Gerichtsprozessen haben werden (Gott sei Dank!), ist der Kasus bekannt. Die Verteidigung legt sich noch einmal richtig ins Zeug und legt neben der Versammlung der wichtigsten Argumente für die Unschuld auch einen emotionalen Schutzmantel um den Angeklagten.

Das biblische Wort für den August ist eine der großen Verteidigungsreden in der Apostelgeschichte. Hier übernimmt der Angeklagte selbst die Verteidigung. Paulus spricht vor einem bedeutenden Auditorium und kann dem letzten jüdischen König Agrippa nochmal seine Argumente vortragen. Eigentlich ist die Verhandlung schon abgeschlossen. Der Statthalter von Cäsarea, Porcius Festus, konnte aber dabei keine Schuld an Paulus finden. Er nutzt jetzt die Gelegenheit, um Paulus nochmals zu hören. Er hofft darauf, Punkte für sein Begleitschreiben an den Kaiser zu finden. Denn er will Paulus nicht vor den Kaiser schicken, ohne die Anklage zu kennen.

Es geht um den Aufruhr der Jüdinnen und Juden in Cäsarea gegen die Verkündigung des Apostels. Sie wollen ihn dafür töten lassen. Paulus nutzt die Gelegenheit vor dem König Agrippa, seine Lebensgeschichte, seine Sendung und seinen Glauben als Gehorsam gegen den Gott seiner Väter und Mütter auszulegen. Es wird sein Ticket und sein Empfehlungsschreiben für seine letzte Reise zum Kaiser in Rom.

Leben als Zeugnis

„Gottes Hilfe habe ich erfahren bis zum heutigen Tag und stehe nun hier und bin sein Zeuge."

In den verfassten Landeskirchen Deutschlands tut man sich zuweilen schwer mit dem persönlichen Glaubenszeugnis. Der Glaube ist für die Theologie unserer Volkskirchen mehr als mein persönliches Fürwahrhalten: Gott gibt es, auch wenn ich das mit meinen eigenen Erfahrungen nicht oder nicht immer in Einklang bringen kann. Ich kenne selbst Situationen, in denen ich dem persönlichen Zeugnis anderer nur schwer folgen kann. Ich empfinde das öfter als schwülstig und die Last der ganzen Wahrheit auf den eigenen Schultern zu tragen, als ein zu großes Paket.

Gleichzeitig geht es nicht ohne das eigene „Ja" und den eigenen Glauben. Paulus baut seine Verteidigungsrede biografisch auf. Er zeichnet den Weg nach vom frommen Pharisäer zum Apostel der Heiden – im Zusammenhang der Rede wird er sogar neben die Jünger gestellt und zum Apostel an Heiden und zum Volk der Juden gesandt. Er erinnert daran, wie Jesus ihm begegnet ist in einem Licht, das die Sonne überstrahlt hat. Er zeichnet den inneren Glaubensweg nach von der Verfolgung der Christen zur Verkündigung des Evangeliums von Jesus Christus.

Wer die Apostelgeschichte liest, begegnet auch immer wieder den persönlichen Gefährdungen, denen Paulus ausgesetzt war. Auf allen drei Missionsreisen durch die damals bekannte Welt ist er Gefahren und Verfolgungen ausgesetzt. Von Seenot-Rettungen über Gefängnisaufenthalte, von der Bedrohung an Leib und Leben durch aufgebrachte Menschen an den Standorten der neuen christlichen Gemeinschaften bis zu lebensgefährlichen Otterbissen ist Paulus immer persönlichen Gefährdungen ausgesetzt gewesen.

Der Monatsspruch nimmt darauf Bezug. Gott hat ihn in allen Gefährdungen und Gefahren gerettet und bewahrt. Dass er an Glauben und Missionsauftrag Jesu drangeblieben ist, waren sein persönlicher Gehorsam gegenüber Jesus und die Bekehrung vom Saulus zum Paulus. Zugleich bestätigt ihn die Erfahrung, dass er bei allen Fährnissen von Gott beschützt wird. Auftrag und Erfahrung werden zum Fundament seines Glaubens.

Mein Leben als Zeugnis

Ich könnte mich nicht so wie Paulus hinstellen und behaupten, mit meinen Leben ein Zeugnis für Gott zu sein. Ich vermute, es geht vielen ähnlich. Zu selten bin ich ein leuchtendes Beispiel für christlichen Lebenswandel. Zu oft habe ich mit meinen Ecken und Kanten zu tun.

Auf der anderen Seite glaubt mir als Pfarrer keiner mehr, wenn ich immer das Gegenteil von dem mache, was ich sage. Dass also mein eigenes Leben durchsichtig werden kann auf Gottes guten Willen für die Welt, wird im säkularisierten Umfeld wichtiger. Was Christinnen und Christen mit und ohne Pfarrberuf in den sozialen Netzwerken mitteilen, ist ein moderner Ausdruck dieser Herausforderung. Die Menschen, hier auch: die Follower, wollen nicht nur wissen, was ich glaube, sondern ebenso, was ich anziehe, welche Musik ich höre oder was ich über politische Fragen denke. Meine Leben und meine Gewohnheiten verbinden sich für die anderen mit meinem Glauben – und im besten Fall machen sie andere neugierig auf den christlichen Glauben. Sie können für andere eine Brücke sein, mal einen Schritt in Richtung christlicher Gemeinden zu gehen – oder zumindest einen „Like" oder einen Kommentar zu meinem Post bei Instagram zu hinterlassen. Das hört sich unspektakulär an, ist ebenso mit Mühe verbunden wie auch darauf, zu achten, dass Konflikte in Nachbarschaft, Familie oder Kirche respektvoll und mit Wertschätzung ausgetragen werden.

Ohne das persönliche Ja zum Glauben werden Kirche und Gemeinde keine attraktive Ausstrahlung für unsere Zeitgenoss*innen haben. Es möge doch sichtbar werden, dass Freiheit und Trost immer deutlicher erkennbare Früchte des christlichen Glaubens in meinem Leben werden. Ich will hoffen, dass jeder Neugierige in unseren Gemeinden erlebt, dass wir Christen fröhlicher leben, befreiter hoffen und getroster sterben.

Der Monatsspruch ist deshalb auch mit einem Ausrufezeichen versehen. Paulus spricht von seinem Zeugnis. Der Apostel kann sich selbst verteidigen. Ich brauche für meine Verteidigung Jesus als Verteidiger. Ich komme nicht weiter, als mit gutem Willen immer wieder von neuem mein Leben als Zeugnis für den Glauben zu denken. Mein Scheitern ist dabei nicht zu verhindern. Es braucht Jesus als Verteidiger, um persönlich Vergebung zu erfahren und mutig einen Neuanfang zu wagen.

Ins Leben berufen werden –
auf eigenen Beinen stehen

Der Rückblick in die Lebensgeschichte eröffnet bei Paulus eine neue Perspektive auf Gottes Handeln. Anders als in den parallelen Erzählungen über das Damaskuserlebnis des Apostels wird Paulus hier nicht von Gott mit Blindheit geschlagen. Vielmehr führen ihn das helle Licht aus der Höhe und die Stimme Jesu auf neue Wege. Vor allem aber richtet die Begegnung mit Gott ihn auf. Jesus bittet Paulus, sich aus dem Staub zu erheben. Auf den eigenen Beinen stehend macht sich der Apostel dann auch auf den Weg, seinem Leben neuen Sinn zu geben – es folgen drei Missionsreisen und die letzte Reise nach Rom.

In der Begegnung mit Gott werde ich heute ebenso aufgerichtet. Nicht nur Paulus wird vergeben, auch meine kleinen und großen Unzulänglichkeiten sind aufgehoben im stärkenden Wort Gottes und im Licht seiner Liebe. Paulus kann sein Leben als Zeugnis verstehen, weil Gott ihm nicht nur immer wieder heraushilft. Sein Zeugnis ist auch ein Zeugnis für ein Leben, für das er neue Wege gesucht und gefunden hat.

Es ist oft nicht so einfach, in klaren Worten zu sagen, was der Glaube für mich persönlich bedeutet und woran ich ihn festmache. Nicht alle haben so umstürzende Erlebnisse mit Jesus wie Paulus. Nicht alle fühlen sich aufgerichtet durch das Wort Gottes, manchmal trifft es einen auch wie ein Schlag.

Mein Glaube ist deshalb auch an die Gemeinschaft der Christinnen und Christen gebunden, er entfaltet sich hier besser. Wenn der Blick zurück auf mein Leben nicht auf den ersten Blick die Momente sichtbar macht, an denen ich Gottes Wirken an mir erleben konnte, dann lerne ich möglicherweise vom Leben der Anderen. Glaubensgemeinschaft ist für unsere Kirche darum immer auch eine Erzählgemeinschaft. Die (Lebens-) Geschichten der Geschwister enthalten gelegentlich Hinweise, die auch mein Leben mit Gott in helleres Licht tauchen. Das Wissen um den Umgang mit den Brüchen und Umwegen der Glaubensgeschwister hilft auch mir, in den schwierigeren Phasen meines Lebens Hinweise auf neues Leben und neue Perspektiven zu entdecken.

Paulus macht sich nach der Verteidigung vor König Agrippa auf seine letzte Reise. In Rom wird er vor dem Kaiser sprechen. Am Mittelpunkt der damaligen Welt wird er verkündigen, was schon die Propheten vor ihm verkündigt haben: dass Jesus Christus als der Messias leiden und als erster des Volkes auferstehen wird. Er wird mit seinem Leben dafür einstehen. Er wird sich dabei wieder auf Gott verlassen und frei Zeugnis ablegen.

Thomas Schalla

Lied EG 329 Bis hierher hat mich Gott gebracht

Gebet

Gütiger Gott,
ich danke dir für deine Gegenwart
in meinem Leben.
Ich denke an Glück und Freude,
an Brüche und Umwege,
an Freunde und Geschwister.
Hilf mir, immer besser zu erkennen,
wie du mich leitest auf Wegen zum Leben.
Amen.

Monatsspruch für September

Gott ist unsere Zuversicht und Stärke, eine Hilfe in den großen Nöten, die uns getroffen haben.

Psalm 46,2

Die Söhne Korachs und der Tempel

Die Söhne Korachs singen ein Lied. Wie jedes Jahr anlässlich eines Pilgerfestes, vermutlich eines Zionfestes, im Tempel zu Jerusalem.

Wir kennen die Korachiten sprachlich noch als „Rotte Korach", wie Luther an anderer Stelle übersetzt (4. Mose 16,1). Dort war es tatsächlich Korach, der sich mit einigen hundert Israeliten zusammenrottete und einen Aufstand gegen Mose und Aaron inszenierte.

Das ist lange her. Und die Korachiten, die Söhne Korachs bzw. genauer seine Ur-Urenkel, sind schon längst kein wildgewordener Haufen mehr. Inzwischen sind sie eine Art Sängergilde, die vermutlich auch noch weitere Aufgaben am Tempel zu Jerusalem zu versehen hatte. Vermutlich haben sie sogar ein Liederbuch für den feierlichen Gebrauch im Tempel herausgebracht, wie verschiedene andere Psalmen zeigen.

Und nun singen sie gemeinsam mit der versammelten Tempel-Gemeinde dieses Lied, aus dem unser Psalmvers stammt. Ihr Lied ist ein gewaltiges Bekenntnis. Und auch wenn es vordergründig und zunächst ein Zionslied ist, das scheinbar der Verehrung und der Verherrlichung des Zion, des Tempels und der „Stadt Gottes" als Wohnung Gottes

67

diente (vielleicht haben viele Pilger es auch so verstanden), zielt es auf einen anderen Kern: Eine Bedeutung haben der Zion und der Tempel und die ganze Stadt Jerusalem nur dann, wenn „Gott in ihr wohnt", so sagt der Psalm später. Eine Zuflucht ist dieses gesamte Ensemble von Bauwerken und Kultgegenständen nur dann, wenn Gott in ihrer Mitte ist. Zuflucht, Schutz und Hilfe bieten nicht die Mauern, sondern nur Gott allein – wenn er denn tatsächlich anwesend sein sollte mitten im Kultus und im Festgetriebe. Erst dann, wenn Gott diese Stadt und den Tempel, seine „Wohnung" (V. 6), durch seine Anwesenheit geheiligt hat, sind sie auch heilig und vermitteln eine Ahnung von der Anwesenheit und der Lebenshilfe Gottes.

Ein Siegesgott?

So weit, so schön, bzw. so theologisch. Das Lied ist ein Bekenntnis einer Gemeinschaft, die ihre guten und hilfreichen Erfahrungen mit diesem Gott gesammelt und gespeichert hat. Sie hat auch andere Erfahrungen gemacht; aber die spielen hier in diesem Lied keine Rolle.

Es ist ein Lied voller Vertrauen auf Gott. Es klingt wie eine siegesgewisse, geradezu triumphale Aussage. Es soll ganz offensichtsichtlich Menschen berühren und anrühren, so dass sie einstimmen in dieses Bekenntnis des Vertrauens auf Gott, der eine „Hilfe in großen Nöten" ist, der „stark" ist und darum „Zuversicht" schenkt. Und der sich überhaupt erwiesen hat als Sieger über alle möglichen Naturgewalten und Feinde. Ein Sieger-Gott.

Auf solch eine Resonanz derer, die auf der Seite des Siegers und des starken, hilfreichen Gottes stehen und inbrünstig in sein Lob einstimmen, zielt dieses Psalm-Lied ab.

Sehnsüchte

Diese Siegesgewissheit bringt in mir allerdings keinerlei positive Resonanz hervor und nichts zum Mitschwingen. Solch ein Vertrauen trage ich derzeit nicht in mir. Das mag meiner derzeitigen persönlichen Lebenssituation geschuldet sein – die Zuversicht auf die Stärke Gottes ist mir dadurch in gewisser Weise und zu einem guten Teil abhandengekommen. Und auch der scheinbare Triumpf des Bösen und die schuldhaften Verwerfungen in dieser Welt destruieren einen allzu leichtfertigen Lebensoptimismus.

Unsere Schuldverstrickungen und unsere Mit-Schuld an zerstörerischen Prozessen wir der Klimakrise, dem weltweiten grassierenden Hunger, der Naturzerstörung usw. verleugnen oder verdrängen wir gerne und genießen lieber das Leben, solange wir selbst noch die Ressourcen dazu besitzen. Und das Böse scheint dafür zu sorgen, dass die Welt aus den Fugen zu geraten scheint: Sinnlose Eroberungskriege gieriger und verantwortungsloser Machthaber produzieren ein Gefühl der Ohnmacht genauso wie die verwickelten und rational schier unauflösbaren Konflikte – Stichworte sind Gaza, Juden und Muslime, aber auch viele andere Konflikte unterschiedlicher Interessenlagen. Der Böse, Satan der „Durcheinanderwerfer", scheint zu siegen – gestützt auf die Habgier, den Egoismus und die Verantwortungslosigkeit der Menschen.

Nein, kein Sieger-Gott. Dieser Psalmvers bringt in mir dennoch etwas zum Schwingen, eine Resonanz, die mir aktuell entspricht. [*Ich folge hier der Sprache und einigen Strukturelementen der derzeit vielfach goutierten Resonanztheorie von Hartmut Rosa und den damit verbundenen Weltdeutungen*].

Zunächst: Der Bibelvers berührt mich. Er spricht zu mir und lässt mich aufmerken. Er lässt mich „auf-hören" im Doppelsinn des Wortes: Er fordert mich heraus „aufzuhören" mit dem ständigen Kreisen um meine eigene Befindlichkeit, und er lässt mich „auf etwas hören".

Dies allerdings vermutlich ganz anders, als er damals gemeint war. Und wie er damals im Tempel die lobpreisende Gemeinde berühren und mitnehmen sollte. In mir weckt dieser Psalmvers eine unendliche Sehnsucht danach, dass da vielleicht, vielleicht doch etwas dran sein möge; dass Gott doch zu einer „Hilfe in den großen Nöten, die mich getroffen haben" werden möge und darum Zuversicht und Hoffnung geben könnte.

Reagieren – Selbstwirksamkeit

Immerhin: Das Nachdenken über den Psalmvers, meine Sehnsucht verleiten mich zu einer, zu meiner (!) Resonanz darauf. Was Hartmut Rosa mit dem Begriff „Selbstwirksamkeit" als Reaktion auf einen Impuls beschreibt, meint ganz einfach: Ich antworte. Ich gehe auf meine Art um mit dieser Affizierung und mache etwas daraus, was mir gemäß ist – auch wenn dies nicht unbedingt der Intentionen der damaligen Tempelsänger und des singenden Publikums entsprechen mag. Wichtig ist, dass ich nicht einfach bestärkt werde in dem, was ich sowieso schon denke – also bei meiner Sehnsucht und bei meiner Klage bleibe – sondern dass ich mich möglichweise irritieren lasse und vielleicht sogar eine andere Perspektive einnehme.

Vertrauen probeweise – Transformation

Im Idealfall bedeutet der Begriff „Transformation" in der Ausdrucksweise der Resonanztheorie, wie ich es von

Hartmut Rosa im Folgenden übernommen habe: Ich lasse mich ein auf das, was mich erreicht, und verbinde mich damit. Ich fange an, die Welt anders zu sehen und anders zu denken. Ich verwandle mich.

In meiner Lebenssituation bedeutet dies aktuell: Ich taste mich probeweise an dieses Vertrauen heran, das der Psalmvers eigentlich zu seiner damaligen Zeit transportieren sollte. Ich probiere es aus, ob über diese Sehnsucht hinaus, die ich in mir trage, hier ein tragfähiger Grund unter meinen Füßen und ein Anhalts-Punkt ist. Ein Punkt und ein Ort also, an dem ich anhalten kann und an dem ich mich festhalten kann.

Und ich entdecke: Das simple Pathos eines fraglosen Siegergottes und die Selbstverständlichkeit seiner Macht sagen mir wenig. Die Lobpreisgesänge damals auf dem Zion und heute in Gottesdiensten erreichen mich nicht. Aber mich erreichen einige Zugänge zu Gott, die mich verändern und meine Lebenshaltung transformieren:

– Im Zuge meines Herantastens an einen heilsamen Gott in langen Gebeten entdecke ich, dass ich von ihm getragen bin – trotz allem.

– Ich spüre dem nach, was es heißt: „Sich in Gottes Hand zu bergen" und entdecke, was Geborgenheit in Gott bedeuten könnte.

– Ich probiere es aus, mein Vertrauen auf Gott zu setzen – mit Zittern und Zagen zwar, aber ich schwinge ein in die Glaubensperspektive, dass Gott meine Fragen, meine Ängste und Zweifel zulässt und mich nicht loslässt und verlässt.

Dies alles ist mehr als Gefühligkeit. Es handelt sich um eine existentielle Lebenshaltung, die bei mir im Kern auf der Wahrheit und Wirklichkeit der Auferstehung Jesu Christi gründet. Hier gewinnt mein kleiner Senfkornglaube, mein „Gläubchen", wie es jemand mal so schön ausdrückte, seine Zuversicht und Stärke.

Unverfügbarkeit

Solch eine Transformation ist allerdings nicht zu erzwingen, nicht käuflich zu erwerben oder durch magische Praktiken herbei zu manipulieren. Derlei Versuche sind ja gerade im religiösen Sektor des Lebens gerne gebräuchlich.

Das vierte Moment in diesem Resonanzgefüge ist darum die Unverfügbarkeit – eben auch die Unverfügbarkeit Gottes. Das, was geschieht in einer lebendigen Beziehung zu Gott, in einer Resonanzbeziehung zu ihm, ist darum weder vorhersagbar noch ein rechtlich einzuforderndes Verhalten Gottes. Gottes Verlässlichkeit ist eben nicht seine Verfügbarkeit. Gottes Verlässlichkeit – sie ist nur zu glauben und zu erhoffen.

Resonanzbeziehungen zu Gott

Ein wunderschönes Lied aus der Jugendarbeit während meiner eigenen Jugendzeit drückt eine Variante der Resonanzbeziehung zu Gott so aus: „Ich werfe meine Fragen hinüber wie ein Tau von einem Schiff ans Land. Vielleicht ist einer da und greift herüber. Vielleicht, vielleicht nimmt einer mich an meiner Hand. Wenn Gott es ist, der meine Frage auffängt und nicht lässt, wenn Gott es ist, dann hält er mich mit meinen Fragen fest." Gleiches gilt dem Lied zufolge für meine Ängste, Bitten – und für meinen Dank.

Eben – zu einer lebendigen Gottesbeziehung gehört es, dass ich mich Gott gegenüber äußere und „ausspreche" und auf seine Resonanz hoffe. Vielleicht bewährt und bewahrheitet sich das Vertrauen auf ihn und darauf, dass er unsere Zuflucht und Stärke sein möchte. Meine Resonanz darauf kann der Dank sein.

Die Gemeinde damals auf dem Zion sang ihr Loblied, weil sie entsprechende Erfahrungen mit ihrem Gott gemacht hatte. Möglicherweise brauchen wir mehr Erzählungen von diesem heilsamen und wirkenden Gott, die anderen Mut machen und ihrerseits Zuversicht und innere Stärke geben.

Michael Freitag

Lied EG Wü 627 Ich werfe meine Fragen hinüber

Gebet

Herr, lehre uns beten:
Gib uns den Mut, unsere Klagen,
unseren Zorn und unsere Ängste
dir vor die Füße zu werfen und
in deine Hände zu legen.
Gib uns die innere Kraft,
auf dich und deine heilsame Stärke hoffen zu können.
Gib uns die Standhaftigkeit,
dir unsere Fragen zu stellen und
auf deine Antworten zu lauschen.
Gib uns die Bereitschaft, uns zu verändern.
Herr, schenke uns Vertrauen auf dich. Amen.

Monatsspruch für Oktober

Jesus Christus spricht: Ein wohltuend klingender Vers, **Das Reich Gottes ist** denke ich. Und dann kommen **mitten unter euch.** schnell viele Fragen. Was ist ei-
Lukas 17,21 gentlich das Reich Gottes? Wie spüre ich das Reich Gottes? Woran kann ich es erkennen? Was bedeutet „mitten unter euch"? Wer sind die „euch"? „Reich" weckt in mir die Assoziation an dunkle Zeiten in der Geschichte unseres Landes, die dieses „nie wieder ist jetzt" sofort aufsteigen lassen. Ich denke auch an Königreich – eine andere Übersetzung für Reich Gottes in der Bibel. Doch möchte ich eine Monarchie? Ich frage auch, wo ist Gott? Woran merke ich, dass Gott da ist?

So führt ein erster Schritt zum Kontext dieses Verses. In Lukas 17,20–21 steht: „Als Jesus von den Pharisäern gefragt wurde, wann das Reich Gottes komme, antwortete er: Das Reich Gottes kommt nicht so, dass man es an äußeren Zeichen erkennen könnte. Man kann auch nicht sagen: Seht, hier ist es!, oder: Dort ist es! Denn: Das Reich Gottes ist schon mitten unter euch."

Auf Augenhöhe mit den Pharisäern

Im Lukasevangelium stellen die Pharisäer – also genau diejenigen, die oft im Streit mit Jesus liegen, die damaligen Profitheologen aus ihrer Sicht gesprochen, – eben diese Frage, wann das Reich Gottes denn komme. Jesus antwortet lapidar: „Das Reich Gottes ist schon in eurer Mitte." Diese Antwort hat damals sicher irritiert. Es ist Jesu Antwort auf die Frage, die bis heute im Judentum gestellt wird: Wann kommt Gott? Jesus sieht das Reich Gottes auch unter den Pharisäern – das mag uns überraschen. Als Jude kennt er das Denken der religiösen Gruppierungen seiner Zeit, er kennt die Sehnsüchte der Menschen, er kennt die Diskussionslinien und da hinein setzt er sein Denken und seine Überzeugung: „Das Reich Gottes ist mitten unter euch." Seine Botschaft grenzt nicht aus. Normalerweise kommen die Pharisäer nicht gut weg in den Evangelien, sind sie doch diejenigen, die Jesus mit ihren Fragen immer wieder provozieren wollen. Nun sagt Jesus gerade ihnen, dass das Reich Gottes unter ihnen sei. Das eröffnet weitere Möglichkeiten des Dialogs.

Und die Jüngerinnen und Jünger?

Was mögen die Jüngerinnen und Jünger Jesu sich bei diesem Dialog gedacht haben? Sie kommen in der kurzen Perikope nicht vor, doch können wir vermuten, dass einige von ihnen dabei waren. „Wieder einmal diese Pharisäer! Suchen sie schon wieder Streit. Einfach lästig", mögen sie denken. War für die Jüngerinnen und Jünger das Reich Gottes schon mitten unter ihnen? Sie müssten es ja wissen, denn sie waren mit Jesus ständig zusammen. Sie hörten seine Worte, sie erlebten mit, wie gut es Menschen tat, wenn er sie berührte und sie dadurch an Leib und Seele gesund wurden, sie spürten ihre eigene Freiheit, als sie ihn immer mehr verstanden hatten. Sie spürten, dass Jesus auch dann noch aufrichtig zu ihnen stand, als sie davon liefen in seiner größten Not. Gehen wir noch einen Schritt

weiter, so können wir ahnen, dass sie sich nach den drama-
tischen Ereignissen in Jerusalem und der Botschaft vom
leeren Grab erst einmal sortieren mussten, um das Reich
Gottes mitten unter sich wieder wahrzunehmen. Sicher
war es eine herausfordernde Aufgabe für sie, nun mehr und
mehr auf sich gestellt, in Jesu Fußstapfen zu treten und
Botinnen und Boten des Reiches Gottes zu werden.

Und wir heute

Wie denken wir heute darüber? Wir hören ja noch immer
dieselben Worte nach 2000 Jahren. Die Pharisäer fragten:
„Wann kommt das Reich Gottes?" Sie fragten nicht: „Wie
kann ich es erkennen?" In der Verkündigung höre ich eher
dieses „Kehrt um, das Reich Gottes ist nahe" (Markus 1,15).
Da höre ich einen Anspruch, dass ich zuerst etwas leisten
muss, bevor das Reich Gottes anbrechen kann. Das ist eine
andere Perspektive, ob etwas in Aussicht gestellt oder mir
als Realität auf den Kopf zugesagt wird. Das Reich Gottes ist mitten unter euch, mitten in eurer Gemeinschaft
gegenwärtig und spürbar. Der Acker des Reiches Gottes
ist gegenwärtig ein schwer zu bestellendes Feld. Kriege,
die unzählige Menschenleben kosten und so sinnlos sind;
Krisen, für die kein Ende in Sicht ist; persönliche Schick-
sale, die an den Kräften zehren – da ist die Grundfrage
aller Fragen: Wie spüre ich, dass Gott da ist? Die vielen
bedrängenden Themen unserer Zeit lassen fragen, ob Gott
denn überhaupt noch Anwalt der Menschen ist, ob Gott
denn handelt. Woher in dieser schwierigen Zeit noch die
Zuversicht nehmen, dass Gott die Welt in Händen hält und
die Herzen derer zu einem Friedenshandeln bewegt, die so
erstarrt sind in ihrem Egoismus, in ihrem narzisstischen
Handeln, in ihrem Despoten-Dasein.

Das Reich Gottes ist inwendig in euch

Die Exegeten streiten, ob diese ältere Übersetzung Martin Luthers wirklich der Theologie des Schreibers des Lukasevangeliums angemessen sei. Meiner Ansicht nach weitet sie den Blick und ist deshalb anzuerkennen. Denn es liegen weitreichende Perspektiven darin:

– Das Reich Gottes ist in euch, in eurem Inneren, in eurem Herzen.

– Das Reich Gottes ist schon mitten unter euch, es ereignet sich bei euch.

– Das Reich Gottes entsteht in eurer Zukunft, in eurem Handeln für Gerechtigkeit, Gemeinwohl und Frieden.

Es geht um meine inneren Haltungen, die ich nach außen trage. Es geht um meine Werte, die ich sichtbar lebe. Es geht um mein Handeln der Liebe. Und das mit dem Wissen, dass mir das auch möglich ist, weil das Reich Gottes inwendig in mir ist, weil in mir alle Möglichkeiten angelegt sind. Es darf uns schauernd und warm zugleich über den Rücken laufen bei diesem „Das Reich Gottes ist inwendig in euch". Schauernd, weil wir merken, dass wir dabei unsere Grenzen immer wieder spüren, warm, weil wir gleichzeitig erkennen können, wie oft es uns und vielen anderen auf dieser Welt immer wieder gelingt, dieses Reich Gottes zu repräsentieren. Alle Zeichen des Friedens und alle Friedensverhandlungen, alle Zuwendung zu anderen Menschen und ihre Anerkennung und Bewahrung ihrer Würde, jedes soziale Engagement sind Markierungen, dass das Reich Gottes inwendig in uns ist.

Das Reich Gottes bedeutet Spuren suchen

Das Reich Gottes ist die „räumlich" beschriebene Variante der Frage nach der Gottesliebe. Jesus spricht immer wieder vom Reich Gottes in seinen Gleichnissen. Das Reich Gottes ist inwendig in euch – das heißt dann doch, es ist wie ein Samenkorn, das in den Acker unserer Seele und unseres Herzens hineingelegt ist und hier gedeihen und heranwachsen will. In uns drinnen sind Gott und seine Liebe zu finden. Diesem Innersten zu trauen, darum geht es beim Reich Gottes. Diesem Innersten zu trauen und gerade darin Gott in all seinen Facetten zu entdecken. Als Liebende, als Großzügiger, als Befreiende. Und dieser Gott geht noch einmal über all unsere Vorstellungen hinaus. Sich deshalb offen halten für die Zeichen Gottes, das bedeutet: das Reich Gottes ist inwendig in euch.

Das Reich Gottes ereignet sich bereits bei euch. Das heißt nichts anderes als auf Spurensuche zu gehen, sich verbinden mit all denen, die Suchende sind und sich zutrauen, Gott die Stange – christlich gesprochen „die Treue" – zu halten und das Reich Gottes trotzig zu entdecken im Chaos dieser Welt. Mitten in der Unordnung ist Gottes Reich in den vielen Versuchen zu finden, den Unfrieden zu stoppen und Frieden zu stiften, beharrlich sich gegen das Kriegstreiben zu stemmen, damit Schwerter wieder zu Pflugscharen werden. Das Reich Gottes ist zu finden im hohen Engagement aller Generationen, die Klimaschutzziele bis 2040 zu erreichen. Denn Klimaschutz ist Menschenschutz, und nichts anderes ist der Weg Gottes, als dass alle Menschen eine Lebensperspektive haben.

Das Reich Gottes symbolisiert in der christlichen Theologie eine ideale Zukunft, die von Gerechtigkeit, Liebe und Frieden geprägt ist. Diese Vision stellt nicht nur eine religiöse Hoffnung dar, sondern auch ein Ziel, das Menschen durch ihr Handeln in der Gegenwart zu verwirklichen suchen. Die Vorstellung eines göttlichen Reiches, in dem alle Menschen in Harmonie miteinander leben, dient als moralischer Kompass und als Motivation, sich aktiv für eine bessere Welt einzusetzen. Das Motto des Katholikentags 2024 lautete: „Zukunft hat der Mensch des Friedens." Das betont stark die Rolle der/s Einzelnen in der Gestaltung dieser idealen Zukunft. Der Mensch des Friedens ist jemand, der sich bewusst für friedliche Lösungen, Verständnis und Versöhnung einsetzt. In einer Welt, die so sehr von Konflikten und Ungerechtigkeiten geprägt ist, erscheint diese Botschaft besonders relevant. Der Mensch des Friedens verkörpert die Werte, die auch das Reich Gottes charakterisieren: Mitmenschlichkeit, Gerechtigkeit und die Bereitschaft, aktiv zum Wohl aller beizutragen.

Die Kombination dieser beiden Ideen – das Reich Gottes als Vision und der Mensch des Friedens als Akteur – fordert eine Reflexion über unser tägliches Handeln. Wie müssen wir in unserer heutigen Welt leben und agieren, um dieser Zukunft näherzukommen? Diese Zukunft kommt nicht einfach nur auf uns zu, sondern wir müssen sie aktiv gestalten. Jede friedliche Handlung, jedes Wort der Versöhnung und jedes Streben nach Gerechtigkeit tragen dazu bei, dass das Reich Gottes ein Stück weit Realität wird.

Das Reich Gottes erkennen heißt, die Momente und Orte zu identifizieren, in denen die Werte des Friedens, der Liebe und der Gerechtigkeit bereits Wirklichkeit werden. Es bedeutet, in unseren Mitmenschen das Göttliche zu sehen und in unseren alltäglichen Handlungen den Geist des Reiches Gottes zu reflektieren. Indem wir mit offenen Augen durch die Welt gehen, werden wir nicht nur Zeuginnen und Zeugen des Reiches Gottes, sondern auch Mitgestalterinnen und Mitgestalter einer besseren Zukunft. Lassen wir uns von dieser Vision inspirieren und tragen wir dazu bei, dass das Reich Gottes immer mehr Gestalt annimmt – in unserem Leben und in der Welt um uns herum.

Claudia Hofrichter

Lied GL 846 Da wohnt ein Sehnen tief in uns

Segen aus Aftika

Gott segne dich.
Erfülle deine Füße mit Tanz und
deine Arme mit Kraft.
Erfülle dein Herz mit Zärtlichkeit und
deine Augen mit Lachen.
Erfülle deine Ohren mit Musik und
deine Nase mit Wohlgerüchen.
Erfülle deinen Mund mit Jubel und
dein Herz mit Freude.
Schenke dir immer neu Gnade:
Stille, frisches Wasser und neue Hoffnung.
Gebe uns allen immer neu die Kraft,
dem Reich Gottes ein Gesicht zu geben.
Schenke uns Mut, Botschafterinnen und
Botschafter dieses Reiches zu sein.
Schenke uns die Hoffnung auf
die Vollendung seines Reiches.

**Gott spricht:
Ich will das
Verlorene wieder
suchen und das
Verirrte zurückbringen
und das Verwundete
verbinden und das
Schwache stärken.**

Hesekiel 34,16

Hirtenwort – der Monatsspruch für den November erzählt vom besten Hirtendasein. Und davon, was es bewirkt. Der Zusammenhang ist aber zunächst ein anderer in Hesekiel 34. Der gute Hirte – die schlechten Hirten. In unserem Monatsspruch als Hirtenwort liest der gute Hirte den schlechten Hirten die Leviten. Schauen wir sie uns beide an: die schlechten Hirten – und den guten. Zunächst also:

Die schlechten Hirten

Sie sind eigentlich Wölfe im Hirtenpelz. Schauen wir nur an, was ihnen alles anzukreiden ist:

Sich selber weiden; die Böcke von den Schafen trennen und die Schafe nicht behüten; die Schafe abschlachten und ausschlachten. Schafe sind nicht für die Weide, sondern für die Wolle da. Für Fett und Fleisch. Und ansonsten vor allem, dass diese Hirten nichts tun: Nicht stärken, nicht hüten, nicht verbinden, nicht holen, nicht suchen, nicht schützen. Schlechte Hirten sind noch immer dadurch aufgefallen, dass sie sich herausgezogen und rausgehalten haben.

Und die Situation ist damals bedrückend. Schafe sind hirtenlos, zerstreut, ausgeliefert. Und sie setzen sich von Hesekiel 34 über Matthäus 9,36: „zerstreut wie die Schafe, die keinen Hirten haben".

Aber fragen wir: Wer sind denn diese Hirten? Wem liest denn der gute Hirte hier die Leviten? Sicher nicht der Berufsgruppe. Das ist kein Vortrag über artgerechte Tierhaltung. „Wehe den Hirten Israels, die sich selbst weiden!" In Israel und auch der damaligen Umwelt waren mit „Hirten" die Verantwortungsträger gemeint. Zuallererst das damalige Königtum. Der König ist Hirte Nummer 1. Und, das ist einzigartig im Alten Testament, wird prophetisch angegangen. Kritisiert. In seine Schranken gewiesen, und auf seine Aufgaben hingewiesen. Und geweitet bezieht sich diese Kritik auf alle anderen in Leitungspositionen. Es geht ja hier um die Hirten in der Mehrzahl. Politisches und geistliches Führungspersonal.

Um die steht es schlecht. Und wer von uns ist da nicht auch schnell dabei, heute solche schlechten Hirten zu finden. Verantwortungsträger, die sich selber am nächsten sind. Säßen wir jetzt am nicht gut meinenden Stammtisch, dann würden wir über selbstverordnete Diätenerhöhungen der Politiker und den Filz bei „denen da oben" schimpfen. Wir wären schnell dabei.

Oder wir könnten uns die Pastoren vornehmen – die Hirten, wie die „Pastoren" übersetzt heißen. Sind sie nicht oft schlechte Hirten? Fehler, die sie machen; Kirchenrecht, das sie nicht ganz wörtlich nehmen, das alles wird sehr groß in die Öffentlichkeit gezerrt, zumindest da und dort von bestimmten Leuten. Hirten machen Fehler, das ist wahr.

Hirten – nicht nur der „Hirte". Es ist also auch in einer Gemeinde die Mehrzahl der Verantwortungsträger angesprochen. Ein Stück Hirtenaufgabe hat jeder und jede, die dem Kirchengemeinderat angehören. Und auch die bleiben sicher immer wieder hinter dem zurück, was man von ihnen erwarten sollte.

„Wehe den Hirten, die sich selbst weiden" (Hesekiel 34,2). Das wird den Hirten vorgeworfen (siehe auch Sacharja 10). Und da sind alle großen und weniger großen Hirten heute auch getroffen.

Sich selber weiden, ist das nicht ein treffendes Bild dafür, wie wir unser Leben gestalten? Ich denke daran, was alles zurückstehen muss, wenn wir beschlossen haben, dies oder jenes ist gut oder auch nicht gut für mich.

Da wird geplant und gearbeitet, gedacht und gemacht, um das eigene Ziel durchzusetzen. Sich selbst zu weiden. Um die eigenen Wünsche und Bedürfnisse zu erfüllen. Schlechte Hirten.

Wie kann es gut werden? Hier fällt mir etwas auf in Hesekiel 34, was in dieser Eindeutigkeit bemerkenswert ist: Es gibt nur schlechte Hirten. Es gibt gar keine guten Hirten in der Mehrzahl. Da ist keiner, der guter Hirte ist.

Auch das sollte uns davor bewahren, über schlechte Hirten zu schimpfen. Schlechte Hirten sind wir alle, wenn nicht in der Gemeinde, dann im Beruf, wenn nicht im Beruf, dann in der Familie, wenn nicht in der Familie, dann im Umfeld der Nachbarschaft.

Da ist keiner von uns ausgenommen. In sich selbst versunken. Auf sich bezogen. Nur einer ist anders! Der gute Hirte.

Der gute Hirte

Der niederländische Maler Pieter Bruegel hat lange Zeit seines Lebens den Hirtenberuf ausgeübt. Diese Aufgabe – so fanden viele – war ihm und seines Talents unwürdig. Was tust du denn da, warum machst du das? Darauf Bruegel trocken: „Es hilft mir, schon von weitem Schafsköpfe zu erkennen und mit Schafsköpfen richtig umzugehen. Ein guter Hirte kennt seine Schafsköpfe."

So kommt es einem vor, wenn wir die Worte des guten Hirten hier in Hesekiel 34 hören. Er hat seinen Hirten die Leviten gelesen. Er hat ihnen ein schonungsloses Zeugnis ausgestellt.

Und jetzt? Fängt er jetzt auch an, nur an sich selbst zu denken, einfach zu schimpfen und die Sache laufen zu lassen. Nein! Nicht der gute Hirte. Der ist nicht nur Hirte, der tut, was ein Hirte tut. „Ich will mich meiner Herde selbst annehmen" (Hesekiel 34,11). Das ist eine riesige Verheißung. Für alle Hirten, Schafe und Schafsköpfe.

Ihr sucht in der Gemeinde durchzusetzen, was ihr für gut haltet. Ich, Gott, der gute Hirte nehme mich selbst dieser Gemeinde an.

Ihr schafft es in eurer Familie nicht, zu umsorgen und zu schützen. Ich, Gott, der gute Hirte nehme mich selbst dieser Familie an.

Ihr nehmt eure Verantwortung, die ihr aufgetragen bekommen habt, nicht wahr. Ich, Gott, der gute Hirte nehme mich selbst dieser Verantwortung an.

„So spricht der Herr: Ich will mich meiner Herde selbst annehmen." Und damit ist alles gesagt. Damit ist alles gesagt für alle Fehler, die Hirten machen. Der gute Hirte kann sie mehr als ausgleichen.

Die wahre Hirtenkultur

Was tut er, der gute Hirte? Hesekiel beschreibt es am Ende unseres Abschnitts, und damit im Monatsspruch für den November: „Ich will das Verlorene wieder suchen und das Verirrte zurückbringen und das Verwundete verbinden und das Schwache stärken und das Starke behüten."

Vier Dimensionen werden hier anschaulich erzählt, so wie es vier Elemente, vier Himmelsrichtungen, vier Jahreszeiten, vier Temperamente gibt.

Verlorenes suchen. Die neutestamentlichen Kernkompetenzen des Hirten – so erzählt es Lukas 15,1–7. Verloren in Schuld in Selbstbezogenheit, in Sinnsuche und vielem mehr. Brauchen wir mehr als diesen Hirten, der kommt und sucht? Nein! Aber ihn brauchen wir! Wir brauchen den einen Hirten, der ins Gestrüpp langt und mich aus den Dornen meiner Schuld und meiner Lebenslasten befreit.

Verirrtes zurückbringen. Ein Schritt weiter. Suchen ist gut, finden ist besser, heimbringen ist das Ziel. Schafe müssen „installiert" werden, brauchen ein Zuhause, in dem sie behütet und beschützt sind. Wortwörtlich meint der „Stall" ja nichts anderes als das Ziel, Tiere zu einem gemeinsamen Standort und Platz hin zu leiten.

Verwundetes verbinden. Wunden brauchen Heilung, und das in einem Prozess. Erst- und Weiterversorgung hilft. Und gerade die inneren Wunden. Deshalb erzählt der Prophet vom guten Hirten als einem Heilsbringer und inneren Heiler. Schafe brauchen keinen „Rennstall", in dem sie zu bester Leistung hergezüchtet werden, sondern im besten übertragenen Sinn einen ganz weiten, nicht einengenden „Laufstall", in dem beides ermöglicht wird: Schutz und Bewegungsfreiheit.

Schwaches stärken und Starkes behüten. Die vierte Dimension wird in einem „antithetischen Parallelismus" erzählt – also darin, wie mit schwach und stark umgegangen wird. Schwach findet bei Gott eine besondere Aufmerksamkeit. Und stark wird bei ihm geachtet und wertgeschätzt. ER, der gute Hirte, lebt dieses Programm: Schwächen tragen, Stärken stärken.

So ist ER, der gute Hirte. Der verspricht: „ich will sie auf die beste Weide führen – und auf den hohen Bergen in Israel sollen ihre Auen sein. Ich will selbst meine Schafe weiden und sie lagern lassen" (Hesekiel 34,14 – siehe auch Psalm 23).

Johannes 10 führt dieses Gottes-Prädikat weiter und erzählt vom besonderen Dasein des guten Hirten. Dafür hat sich der gute Hirte wirklich in die Dornen begeben. Man hat ihm eine Dornenkrone aufgedrückt. Man hat ihn abgeführt, den Hirten, wie ein Schaf zur Schlachtbank. Er ist für uns bis in die letzte Verlorenheit des Todes gegangen.

Um zu suchen. Um jeden einzelnen dort abzuholen, wo er steht, und ihn zu Gott mitzunehmen.

Um zurückzubringen. Um jede Art von Orientierungslosigkeit und Verwirrung zu beenden und uns ein Ziel zu geben.

Um zu verbinden. Um alle Wunden, die uns geschlagen wurden und die wir vielleicht auch schon allzu lange selbst lecken, zu heilen.

Um zu stärken und zu behüten. Keine noch so kleine Schwäche wäre zu klein, als dass Gott sie nicht stärken könnte. Und keine Stärke, die ER nicht in seinen Dienst stellen kann, so dass sie Gutes bewirkt.

Der gute Hirte nimmt sich aller an. ER kann es. ER tut.

Ralf Albrecht

Gebet

Herr, Jesus Christus, du bist der gute Hirte.
Wir danken dir, dass du uns durch alle Irrungen
und Wirrungen begleitest.
Wir danken dir für die Freiheit, die du uns schenkst.
Und für die Orientierung, die du uns anbietest.
Wir bitten für unsere Kinder und Jugendlichen.
Lass sie lernen, deine Stimme von anderen
zu unterscheiden.
Wir bitten für die Menschen in der Lebensmitte,
die unter dem Alltagstrott und der Last
der Verantwortung leiden und bitten dich:
Zeige ihnen neue Wege und hilf ihnen zu tragen,
was zu schwer wird.
Wir bitten für die alten Menschen.
Sei du auch im Alter ihr Stecken und Stab.
Lass sie erfahren, wie gut es tut,
andere für sich sorgen zu lassen.
Wir bitten für uns selbst.
Bleibe in unserer Nähe, hilf uns,
in deiner Fußspur zu leben.
Amen.

Monatsspruch für Dezember

Gott spricht: Euch aber, die ihr meinen Namen fürchtet, soll aufgehen die Sonne der Gerechtigkeit und Heil unter ihren Flügeln

Maleachi 3,20a

Unmittelbarer Zugang: Euch strahlt die Sonne auf!

Die Nächte sind lang im Dezember. Und sie scheinen endlos lang, wenn uns etwas den Schlaf raubt. Da wacht man auf in der Nacht. Und schon kriechen sie von allen Seiten daher: dunkle Gedanken und nagende Sorgen. Alle bevorstehenden Anforderungen, selbst die kleinen, erscheinen plötzlich riesengroß. Auch aus dem, was war, schleicht sich Dunkles an. Eigene Fehler und Versäumnisse und mehr noch erfahrene Kränkungen und Ungerechtigkeiten bringen einen innerlich in Aufruhr.

Ob Hassmails in solchen Nächten geschrieben werden, wenn die Dimensionen verrutschen und das innere Chaos Oberhand gewinnt? In biblischen Zeiten, ja, überhaupt, solange es kein elektrisches Licht gab, war diese Art des destruktiven Umgangs nicht möglich. Da musste man warten, bis die Nacht zu Ende war.

Und endlich ist es so weit: Die Sonne geht auf! Die ersten Strahlen kriechen über den Horizont, die Welt bekommt Konturen, bis in kurzer Zeit der ganze Sonnenball über den Horizont gekullert ist. Das Chaos zieht sich zurück. Die Welt sieht erstaunlich gut geordnet und freundlich aus im hellen Morgenlicht. Jetzt, im Winter geht die Sonne so spät auf, dass wir dieses Wunder täglich bewusst erleben können. Oft achten wir nicht darauf, nehmen es als Selbstverständlichkeit hin. Gleichgültig kommt sie halt jeden Tag über den Horizont gerutscht, gleichgültig scheint sie über Böse und Gute, Gerechte und Ungerechte (Matthäus 5,45). Nüchtern betrachtet, oder „gottlos" betrachtet, stimmt das. Aber hier, bei Maleachi, ist es anders: das erste hebräische Wort heißt: „Für euch". Die „seinen Namen fürchten", die nicht gottlos leben, dürfen das morgendliche Aufstrahlen der Sonne ganz persönlich nehmen: ein mir zugeeignetes Geschenk. *Für mich* beginnt dieser neue unverbrauchte Tag! Im Licht der Morgensonne schmelzen viele Ängste, Sorgen, Verletzungen wieder auf ein bewältigbares Maß zusammen. Jakob am Jabbok kämpft die ganze Nacht – gegen Gott? Gegen einen Dämon? Gegen den eigenen Schatten? „Und als er an Pnuel vorbeikam, ging *ihm* die Sonne auf" (Genesis 32,32). „Vom Aufgang der Sonne bis zu ihrem Niedergang" (Maleachi 1,11) wandert sie für mich, mit mir durch den weiten, abwechslungsreichen, aber doch heilsam begrenzter Raum eines Tages.

Geflügelte Sonne der Gerechtigkeit

„Sonne der Gerechtigkeit" kommt nur dieses eine Mal vor in der Bibel. Die Sonne bringt alles an den Tag. Bei ihrer Wanderung von Osten nach Westen leuchtet sie jeden Winkel dieser Erde aus. Sie beleuchtet alles, was sich ihr freiwillig präsentiert und auch das, was sich vor ihr verstecken will. Das Gute, aber auch das Unrecht, das wir erlitten oder auch getan haben, liegt im hellen Licht vor Gott. So steht die Sonne der Gerechtigkeit als Symbol dafür, dass Gott alle Perspektiven kennt, dass Er jedem und jeder gerecht wird. Im Licht der aufgehenden Sonne wird wieder etwas von einer guten Ordnung der Welt, von sinnvollem Leben sichtbar.

Auch die „Flügel der Sonne" sind einmalig in der Bibel. Da das Bild im Ungefähren bleibt, wird es unterschiedlich übersetzt und gedeutet. Die Präposition vor den Flügeln ist vieldeutig: „in", „durch", „mit", „über", „unter". Die Lutherübersetzung „unter ihren Flügeln" ist inspiriert von den zahlreichen Stellen, in denen von Schutz, Geborgenheit, Zuflucht „unter Seinen Flügeln" die Rede ist. In dem hebräischen Wort für „Flügel" klingt tatsächlich „Schutz", „Geborgenheit" an. Was findet man unter diesen schützenden Flügeln? Die meisten sagen: „Heilung". Denn im entsprechenden Wort steckt „Nachlassen", „Linderung". In der Luther-Übersetzung steht das umfassendere, aber auch allgemeinere Wort „Heil".

Viele orientieren sich nicht an den Vogel-Flügel-Bildern, sondern sehen die Flügel der Sonne schlicht als Sonnenstrahlen: „in ihren Flügeln ist Heilung" (Zürcher Bibel). Man denkt an die Energie spendende, Leben und Wachstum ermöglichende Kraft der Sonnenstrahlen. Kann man nicht beides denken? Nach der beängstigenden Nacht braucht es Heilung und Trost unter den Flügeln; dann ein Aufatmen, Aufblühen und Wachsen durch die Strahlen der Sonne. Und in Vers 20b dann bricht freudige Aktivität aus: ein Hüpfen und Springen wie von Kälbern, die aus dem engen Maststall ins Freie gelassen werden. Dies alles bewirkt das Aufstrahlen der Sonne der Gerechtigkeit.

Der Vers in seinem Kontext

Das recht unbekannte kleine Maleachibuch ist das letzte der zwölf kleinen Prophetenbücher und schließt damit das ganze Buch der Propheten ab. Seine Besonderheit: Es ist durch und durch dialogisch angelegt. Abgesehen von Einleitung und Schluss besteht es aus sechs Diskussionsworten. Der Prophet ist mit „hartem Reden" (Maleachi 3,13) gegen Gott konfrontiert und hält im Namen Gottes dagegen. Ob er seine Gesprächspartner überzeugen kann, bleibt offen. Insofern endet die große Sammlung aller Prophetenbücher mit der offenen Frage an uns, ob wir glauben können, dass uns Gottes Sonne der Gerechtigkeit einmal endgültig aufgehen wird.

Das Buch ist nach dem Exil entstanden, nach dem Wiederaufbau des Tempels. Es ist keine „große" Zeit. Der Tempel ist endlich wieder errichtet. Aber leider ist er kein Garant für ein Leben im Sinne Gottes. Bevor sich der Prophet mit allerlei Missständen befasst, ertönt eine für die hebräische Bibel einzigartige Liebeserklärung Gottes: „Ich liebe euch" (Maleachi 1,2). Es ist das Wort für zärtliche Liebe, die keine Bedingungen und Begründungen kennt, auch hier: eine Liebe ohne Wenn und Aber.

„Gott zu dienen, bringt gar nichts"

Danach geht es allerdings in die Niederungen alltäglicher Missstände: im Tempel, in der Priesterschaft, bei den Laien, Zerfall der Ehen (die Männer verlassen die „Frau der Jugend"), Ausbeutung. Die Schere zwischen Reich und Arm wird immer größer. „Frevler" fragen nur nach Profit und scheren sich nicht um Gott und Mitmensch. Sie brüsten sich damit, dass es ihnen bei ihrer Rücksichtslosigkeit auch noch gut geht. Das kommt uns auch heute bekannt vor. Nur wundern wir uns nicht mehr darüber. Für die „Gottesfürchtigen" damals bricht damit eine Welt(-Ordnung) zusammen: „Es bringt uns ja gar nichts, dass wir anständig sind", so jammern sie sich gegenseitig vor (3,16) und so klagen sie Gott an. Der Prophet hält nicht sofort dagegen. Als Bote des liebenden Gottes hört er aufmerksam hin. Ein Gedenkbuch steht dafür, dass nichts von dem verloren ist, was war. Gott hat Mitleid wie ein Vater mit seinem Sohn. (3, 16f) Gott bzw. der Prophet muss zugeben: Es sieht im Moment wirklich so aus, als seien die „Gottesfürchtigen" die Dummen und die „Bösen" können glücklich gepriesen werden (3,15). Bis heute gilt dieser Vorwurf, diese Anfechtung.

Die geflügelte Sonne

Gott verspricht durch den Propheten: Das Blatt wird sich bald wenden am Tag des Herrn, der greifbar nahe ist. Wenn das keine billige Vertröstung sein soll, muss die neue Qualität, die andere Gerechtigkeit, jetzt schon spürbar sein; wie später bei Jesus, wenn er sagt: Das Reich Gottes ist nahe herbeigekommen. Die Ausbeuter und Frevler sind vor Gott jetzt schon Nichtse, sie verbrennen zu Asche. „Euch aber ..." Nur an dieser einen Stelle in der Bibel geht sie auf, die geflügelte Sonne der Gerechtigkeit. Dabei war die geflügelte Sonne sonst im Alten Orient ein verbreitetes Symbol für den Sonnengott und den ihn repräsentierenden König. Auf seiner täglichen Fahrt über das Himmelszelt sorgt der Sonnengott für Recht und Ordnung. Eine Vergöttlichung der Sonne und ihrer irdischen Vertreter gibt es in der Bibel aber nicht. Im ersten Schöpfungsbericht wird der Sonne sehr deutlich ein Platz zugewiesen als Lampe, die den Tag regiert. Auch wenn sich an mancher Stelle größte Bewunderung für die Sonne Bahn bricht, (z.B. in Psalm 104) – sie bleibt doch ein Geschöpf Gottes. Auch hier bei Maleachi ist sie nicht gleichzusetzen mit Gott. Aber sie ist das treffendste Symbol dafür, wie überwältigend, universal alle „Gottesfürchtigen" – und dazu gehören auch die, die hart gegen Gott geredet haben – von diesem aufgehenden Licht

Gottes geheilt, genährt, geschützt und ins rechte Licht gesetzt werden. Erstmalig, so sagen die Ausleger, wird das Heil (und das Unheil) nicht einem bestimmten Volk, einer bestimmten Gruppe, sondern individuell denen zugesagt, „die ihr meinen Namen achtet".

Die Weihnachtssonne

Jeder Sonnenaufgang, auch nach dunkelster Nacht, kann zum leuchtenden Symbol dafür werden, dass Gottes Gerechtigkeit im Kommen ist. Alle Kränkung, Ungerechtigkeit und Sorge findet Heilung, Trost unter den Flügeln und durch die Strahlen dieser Sonne. Wir Christen singen im Dezember: „Drum, Jesu, schöne Weihnachtssonne, bestrahle mich mit deiner Gunst ..." Das Kind in der Krippe steht dafür, dass die Sonne einer vollkommenen Gerechtigkeit ihre heilenden Strahlen schon über den Horizont schickt. Mit Bedacht hat man den Tag, an dem man das Aufgehen der Weihnachtssonne feiert, auf den Geburtstag des römischen Sonnengottes, Sol invictus (unbesiegte Sonne) gelegt. Hier in der Krippe ist die Sonne, deren Gerechtigkeit am Ende siegt.

Das Gesangbuchlied EKG 263

Die „Sonne der Gerechtigkeit" kennen die meisten gar nicht aus dem Maleachibuch, sondern aus dem Gesangbuch. Das einzigartige Bild hat Liederdichter vielfach inspiriert. Die Strophen im evangelischen Gesangbuch stammen von drei verschiedenen Liederdichtern mit unterschiedlichen Frömmigkeitsprägungen. Otto Riethmüller hat sie 1932, zur Zeit des Aufstiegs der Nationalsozialisten, zusammengestellt

und in seinem Liederbuch für die evangelische Jugend ver-
öffentlicht. Gegen jede Jenseitsvertröstung wird der Sonnenaufgang „zu unsrer Zeit" erwartet. So gewinnt das Lied
in unterschiedlichen politischen Zusammenhängen Bedeutung. Die Situationen, die Maleachi, die jeweiligen Liederdichter und wir vor Augen haben, sind unterschiedlich. Die
Grundfrage aber bleibt: Glauben wir daran und leben wir
daraus, dass die Sonne der Gerechtigkeit schon über den
Horizont kommt? Dass wir herauskommen aus der Enge
und vor Lebensfreude springen wie die Mastkälber?

Annette Kick

Lied EG 262 (ökumenisch, 1973) und EG 263 (1932) Sonne der Gerechtigkeit

Gebet

Die Sonne geht auf! Danke, Gott, für dieses Wunder!
Unter ihren Flügeln heilen die Schrecken und
Verletzungen der Nacht.
Durch ihre Strahlen lebt alles auf,
die Welt bekommt ein freundliches Gesicht.
Für mich, für dich geht sie auf,
bringt mit sich das Geschenk eines ganzen Tages.
Wie die Sonne vom Aufgang bis zu ihrem Niedergang
alles sieht, alle Winkel ausleuchtet, so kennst du,
Gott, alle Winkel unserer Herzen und der Welt, das Gute
und das Böse. So wirst du einst allen gerecht,
auch wenn wir das heute oft nicht erkennen.
Gehe uns auf, Gott, als Sonne,
die Ungerechtigkeit und Bosheit vertreibt!
Gehe uns auf, Gott, als Sonne, die Gerechtigkeit und
Liebe in die Welt und in die Herzen strahlt!
Getröstet unter deinen Flügeln,
erleuchtet von deinen Strahlen lass uns selbst leuchten,
Liebe üben und für Gerechtigkeit streiten! Amen.

Ralf Albrecht, geboren 1964, Prälat von Heilbronn.
Anschrift: Alexanderstraße 70, 74074 Heilbronn.
E-Mail: *praelatur.heilbronn@elk-wue.de*

Gabriele Arnold, geboren 1961, Prälatin.
Anschrift: Gerokstrasse 49, 70184 Stuttgart.
E-Mail: *praelatur.stuttgart@elk-wue.de*

Michael Freitag, geboren 1953, Pastor.
Anschrift: Ahltener Straße 29, 31275 Lehrte.
E-Mail: *michael.freitagwed@online.de*

Anna-Nicole Heinrich, geboren 1996, Projektmanagerin,
Präses der 13. Synode der EKD.
Anschrift: Herrenhäuser Straße 12, 30419 Hannover.
E-Mail: *synode@ekd.de*

Gottfried Heinzmann, geboren 1965, Pfarrer,
Vorstandsvorsitzender.
Die Zieglerschen e.V. – Wilhelmsdorfer Werke evang. Diakonie
Anschrift: Pfrunger Straße 2, 88271 Wilhelmsdorf.
E-Mail: *heinzmann.gottfried@zieglersche.de*

Claudia Hofrichter, geboren 1960; Dr. theol., Referentin
für Interkulturelle Pastoral, Rottenburg-Ergenzingen.
E-Mail: *hofrichter.kolping.ergenzingen@gmail.com*

Annette Kick, geboren 1955. Pfarrerin i.R.
Anschrift: Kauffmannstraße 40, 70195 Stuttgart.
E-Mail: *a.kick@gmx.de*

Esther Kuhn-Luz, geboren 1958. Pfarrerin i.R.
Anschrift: Äußere Alleenstraße 12, 78628 Rottweil.
E-Mail: *estherkuhnluz@gmx.de*

Thomas Schalla, geboren 1963, Dr. theol., Dekan.
Anschrift: Vincentiusstraße 2, 76137 Karlsruhe.
E-Mail: *thomas.schalla@kbz.ekiba.de*

Klaus Schmiegel, geboren 1976,
Pastor der Evangelisch-methodistischen Kirche.
Anschrift: Giebelstraße 16, 70499 Stuttgart.
E-Mail: *klaus.schmiegel@emk.de*

Stefan Veihelmann, geboren 1965, Diplomtheologe,
Pastor der Evangelisch-methodistischen Kirche.
Anschrift: Rathenaustraße 31, 74321 Bietigheim-Bissingen.
E-Mail: *stefan.veihelmann@emk.de*

Harry Waßmann, geboren 1956, Pfarrer i.R.
Anschrift: Neckarstraße 25, 72108 Rottenburg-Kiebingen.
E-Mail: *harry.wassmann@t-online.de*

Thomas Weiß, geboren 1961, Kirchenrat i.R. und Autor.
Anschrift: Hardbergstraße 19, 76532 Baden-Baden.
E-Mail: *13weiss@gmx.de*

Schriftleitung
Bernd Wildermuth, geboren 1957, Landesjugendpfarrer i.R.
Anschrift: Kniebisstraße 31,71522 Backnang.
E-Mail: *berndwildermuth@web.de*